教師の
メソドロジー

社会学的に教育実践を創るために

北澤 毅／間山広朗〔編著〕

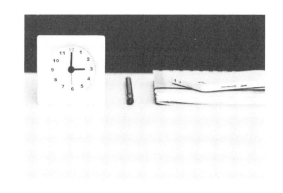

北樹出版

まえがき

　本書は、教育社会学者と小学校教師が主に小学校教育を対象として執筆した論集であり、教員を目指す学部学生や教育学を専攻する学部学生、教職大学院をはじめとした大学院生、そして若手教員を主な読者として想定している。主な対象は小学校であるが、本書のタイトルであり、全体に通底するテーマである「教師のメソドロジー」は、およそ学校種を問わず中学校・高等学校にも関わるものである。まず序章で、「教師のメソドロジー」に焦点を当てる問題関心を明らかにした後、以下の構成に基づいて各章が展開されている。

　　第1部　小学生になるということ
　　第2部　授業を研究する
　　第3部　児童に向きあう・学級に向きあう

　本書副タイトル「社会学的に教育実践を創るために」、まず第1部では、そもそも「小学生になる」ということがどのような事態であるのか、そして「子ども」を「小学生にする」際の課題はどのようなものかが、ともに社会学的視点から展開される。第2部では、多様な授業研究があるなかで、教師と児童生徒が用いる方法を分析するという社会学的な授業研究方法に基づいて各章が展開される。第3部では、低学年児童の問題行動、高学年のいじめ、そして外国人児童をめぐって、児童・学級に社会学的に向きあう実践が展開される。

　各部冒頭には、各章を読み進めるためのガイドを掲載している。どのような問いのもとで各章を読み進めるのかについてのガイドとなっているため活用してほしい。

　現在大学における教員養成は大きな改革を迫られている。中教審からは、教職生活全体を通じて「学び続ける教員」を、教育委員会と大学との連携・協働によって支援する改革が求められ、構想・実施され始めている。だが、社会学にもできること、いや社会学にしかできないこともあるのではないか。教員養

成改革の問題性、そして社会学の貢献可能性の詳細については、本書の問題関心の背景を論じる終章にゆずることにしたいが、少なくとも「学び続ける教員」が求められる点については、およそ同意できよう。

　本書の特徴のひとつは、教師が「学び続ける」ひとつのあり方として、教師みずからが社会学的に分析して実践する様子を示そうとした点にある。指導主事となった小学校教師が現場に還元することを強く意識して授業分析を行った第5章、研究者と小学校教師とが協働して授業改善を目指した第7章、社会学的アプローチを学級指導に応用した教師がみずから執筆した第8・9章は、学校現場に対する社会学の貢献可能性を「示す」というよりもすでに「実践」している。その意味で、終章で論じられる「研究者としての教師」のひとつのあり方を示しているのである。もちろん、幼稚園と小学校の教師が協働する場面に研究者が関与する様子を示した第4章をはじめとして、他の章もすべて教育現場に対する貢献を意識している。

　これらの研究を完成させるには、本書の刊行だけでは不十分である。これまでご協力いただいた教育現場の方々にお礼申し上げるとともに、今後は「教師のメソドロジー」の内容そしてまさに方法が、本書の読者によって教育実践に応用されることを期待したい。その上で批判を仰ぎ、研究を進展させ、さらに教育実践に還元するような循環を構成することで本書を完成させ、その意義を少しでも高めていければと思う。

　　　2018年2月

　　　　　　　　　　　　　　　　　　　　　　　　　　間山　広朗

目　　次

序　章　「方法」とは何か──「方法の社会学」序説── …………… 2
1. 優秀な教師とは誰のことか ………………………………… 2
2. 方法の特性：無自覚性と一般性 …………………………… 3
3. 信念としての「こうすればこうなる」：因果関係とは何か …… 5
4. 必然としての方法・選択としての方法：IREへの着目 …… 6
5. 規範的方法と優劣的方法：発達障害への着目 …………… 8
6. 方法の習得について ………………………………………… 10
　　（1）徒弟制と学校教育（11）（2）「知識を学ぶ」ことと「方法を学ぶ」こと（12）

第1部　小学生になるということ　各章ガイド

第1章　園児から1年生への「飛躍」としての社会化 ……………… 17
1. 人生のターニングポイントとしての「就学」 …………… 17
2. 「出会い」の場 ……………………………………………… 18
　　（1）成員カテゴリー化装置という手がかり（20）（2）「1年生」「先生」カテゴリーの同時適用（22）
3. 「園児」から「1年生」へ ………………………………… 23
　　（1）「出会い」の前（24）（2）「出会い」の後（24）（3）カテゴリー集合の再編成実践（26）（4）ショックの経験がもたらすもの（27）
4. 「つまずきの原因」から「飛躍の契機」としてのステップへ ……… 28

第2章　「児童になること」と挙手ルール …………………………… 30
1. 小学1年生と挙手ルール …………………………………… 30
2. 挙手ルールを教える ………………………………………… 31
3. 挙手ルールに従う …………………………………………… 32
4. 挙手ルールの「違反」の非構成とルールの再導入 ……… 36
5. 「児童になること」と挙手ルール ………………………… 38

v

（1）挙手の機能 (38)（2）ルールの浸透をめぐって (40)

第3章 becomingとしての子ども/beingとしての子ども……42
1. 子どもを反省的に見つめ直す……42
2. 子どもをとらえるふたつの視点……42
   （1）成長する子どもという物語 (42)（2）「なりつつある存在becoming」と「いまそこにいる存在being」(44)
3. みずからの経験を管理する子どもの実践……46
   （1）解釈を促す積極的なはたらきかけと抵抗 (46)（2）「何が起こったのか」をめぐる子どもと大人の相互交渉 (49)
4. 子どもと大人の「文化接触」……51
5. 子どもの「成長の物語」を越えて……53
   （1）子どもを「becoming」としてとらえることの陥穽 (53)（2）学校場面における「becoming」としての／「being」としての児童・生徒 (55)

第4章 幼小連携における教育臨床社会学の有効性……57
1. 教育実践に対する臨床的なアプローチ……57
2. 小学生になる・する過程をふり返る……59
3. 幼稚園教員と小学校教員の対話を重視した協働的アクションリサーチ……60
4. 子どもへの思いやねがいを共有する……62
5. 授業カンファレンスによる気づき……64
6. カリキュラムの定義の吟味……65
7. 社会学的な教育実践を創るためにできること……67

＊第2部　授業を研究する　各章ガイド＊

第5章 「主体的・対話的で深い学び」の観察可能性……71
1. 授業場面における教育実践の分析視点……71
   （1）教育現場のニーズから (71)（2）IRE連鎖 (71)（3）拡張連鎖 (73)（4）Type M (74)
2. 主体的・対話的で深い学びの観察可能性……75

　　　　（1）「疑問―予想―妥当」連鎖 (75)（2）妥当解の認定「ああ～」(77)
　　　　（3）生徒によるIREの管理 (78)
　　3．教師による導入 ……………………………………………………………… 80
　　　　（1）「I群」と「R群」(80)（2）児童見本型デモンストレーション (81)
　　　　（3）演劇型デモンストレーション (83)
　　4．授業における教育実践の観察可能性について ………………………… 84

第6章　授業のなかで作られる「事実」と「学級」……………………………… 86
　　1．「学級」のなかで行われる授業 ………………………………………… 86
　　2．「学級が」学ぶということ ……………………………………………… 88
　　　　（1）授業場面のIRE連鎖 (88)（2）指名のない発話から始まる相互行為
　　　　(89)（3）文の協働制作 (91)（4）学級で構成される「事実」(93)（5）
　　　　「事実」を確かめる (94)
　　3．「学級的事実」と相互行為分析が授業実践にもたらすもの ………… 97

第7章　新任教員の「困難」をめぐる臨床研究の実践 ……………………… 100
　　1．「学び続ける教員」とA教諭との「出会い」………………………… 100
　　　　（1）教師の「学び」？(100)（2）教育実践と教育研究 (100)（3）A教
　　　　諭の「困難」(101)
　　2．授業への「焦点化」問題 ……………………………………………… 102
　　　　（1）授業参観の「印象」(102)（2）「理科」の授業概要 (103)（3）「焦
　　　　点化」という視点 (103)（4）「焦点化」困難な場面 (107)（5）「ほめる
　　　　こと」の意味をあらためて考える (108)
　　3．研究と実践の往還 ……………………………………………………… 109
　　　　（1）「焦点化」をめぐる分類の臨床的意義 (110)（2）「焦点化」と「注意」
　　　　(111)（3）教師の「属人的権威」から「学級社会の権威」へ (111)（4）
　　　　「ルール」の力の具現化へ (113)
　　4．現実理解の協働的達成へ ……………………………………………… 113

　　　　　＊第3部　児童に向きあう・学級に向きあう　各章ガイド＊
第8章　児童のトラブルをめぐるナラティヴ・アプローチ ………………… 117
　　1．ナラティヴ・アプローチとの「出会い」…………………………… 117

（1）「問題の外在化」(117) (2) ナラティヴ・アプローチを「書く」ということ (120)
　2．トラブルへのナラティヴ・アプローチ ······················· 121
　　　（1）Sくんへの「苦情」(121) (2) ヤダッター現る！(122) (3) ヤダッターをやっつけよう！(123) (4) Sくんの物語からクラスの物語へ (124)
　3．物語としてのクラス ·· 126

第9章　いじめ解決における「物語」構築実践 ················ 129
　1．「物語」と学級経営 ·· 129
　2．「いじめ物語」構築のための素地作り ······················· 130
　　　（1）いじめの発覚とストーリーの収集 (130) (2)「差別について考える」学級活動を通して (131) (3) 道徳の授業「差別といじめ」を通して (133)
　3．「いじめ解決物語」の構築 ···································· 136
　　　（1）「いじめ物語」の構築 (136) (2)「いじめ解決物語」から学級の新しい物語創出へ (138)
　4．物語の構築と書き換えによるいじめ解決の可能性 ········· 140

第10章　学級における「見えない壁」と「外部者」 ············ 142
　1．「みんな」とは誰と誰のことか ································ 142
　2．学級の分析視角 ·· 143
　3．外国人児童のいる学級風景 ··································· 144
　　　（1）活気ある学級のなかの違和感 (144) (2) 越えられるが壊せない「壁」(145) (3) 回ってこない順番 (146) (4) パスという「制度」(148)
　4．「みんな」に入らない戦略 ···································· 150
　5．学級における「外部者」の意義 ······························ 153

終　章　教員養成の現状と社会学の貢献可能性 ··············· 156
　1．近年の教員養成改革 ·· 156
　2．教員養成の変容　スタンダード化 ··························· 157
　3．スタンダード化の問題 ·· 159
　4．Teacher as researcher:実践研究者としての教師 ··········· 162

5．研究の方法としてのaction research ……………………………………… 164
6．教育社会学は教員養成にどう貢献するか ……………………………… 165

教師のメソドロジー
社会学的に教育実践を創るために

序章

「方法」とは何か ―「方法の社会学」序説―

1. 優秀な教師とは誰のことか

　あの教師は優秀だ、あの教師は力不足だなどという会話が、学校をはじめいろいろな場でなされているのではないか。しかし、「優秀」とはどのような意味だろうか。足が速い、数学ができる、という優秀さなら話は簡単だ。実際に測定してみれば、誰もがその優秀さを納得するだろう。しかし、「あの教師は優秀だ」という場合の優秀さについては、誰もが納得するような客観的な測定方法があるわけではない。にもかかわらず、私達は「あの教師は優秀だ」という言い方に不自然さを感じない。なぜそのような語り方に納得できるのか、そもそもそこで言われている優秀さとはなんだろうか。

　このように問われたらどう答えるだろうか。「優秀」な教師については、「授業がわかりやすい」「毎年、クラスをうまくまとめている」などの理由が表明されるのではないか。他方、力不足な教師については、「教科書をなぞっているだけで授業がつまらない」「クラスをまとめることができない」などの理由が表明されるように思われる。もしそうだとするなら、「両者の差をもたらしているものは何か」ということが気になるだろう。おそらくそこには、教科に関連する知識をどれだけ広く深くもっているかという知識レベルと、どのような教え方や子どものまとめ方を実践できるかという方法レベルと二種類の問題が関わっているように思われる。そして本書は、「教師のメソドロジー」というタイトルが示すように、もっぱら方法レベルの問題に焦点化して議論していくことになる。

　ここで「方法」とは、教科知識の「教え方」やクラスの「まとめ方」という場合の「方」の意味である。優秀な教師は、どうやってさまざまな「方」を身につけ実践しているのか。これはいつの時代でも切実な問いであるが、それが問いであり続けているのは「正解がないから」ともいえる。この「正解がな

い」という特質は、ラーメンの作り方、スキーの滑り方、ピアノの弾き方、外国語の学び方など、「方法、技術、ワザ、コツ」と呼ばれるもの全般に共通する特性である。では、正解のない方法やワザを、私たちはどのように教えたり身につけたり実践したりしているのだろうか。これこそが本書全体に共有された問いであり、その上で、多様な学校場面の映像データやみずからの教育実践経験について独自の問題関心から社会学的に分析することで、方法に関わる知見を導き出し教育実践に役立つ提言をめざしている。そしてこの序章では、方法概念をめぐるいくつかの論点を提示し考察することで、方法問題を考えるための道筋を示したいと思う。そのために、一見すると遠回りのようにも感じられるが、「母語の習得」をめぐる問題を論じることから始めたい。

2. 方法の特性：無自覚性と一般性

　本書の読者のほとんどは日本語を母語としていると思われるが、ではあなたは、どのようにして母語としての日本語を話せるようになったのだろうか。少なくとも、外国語を学ぶ場合のように、系統だって単語や文法を誰かに教えてもらったわけでもなければ自覚的に学んだわけでもないはずだ。父母をはじめとした身近な人々に囲まれ育つなかで、いつの間にか話せるようになったに違いない。あなたと私とは、親も違えば育った時代も環境も違う。にもかかわらず私たちは、何の問題もなく互いに会話ができる。会話ができるとは、同じ文法に従っているということだ。母語として日本語を習得した私たちは、「私は東京が行きます」などという言い方は絶対にしないし、そのような言い方をする日本語話者に出会えば、そのおかしさに気づくことができる。私たちはそれぞれ異なる環境で育ち、行き当たりばったりの会話をしながら育ったにすぎないのに、みなが同じように文法（言葉の使用規則）に従った会話ができるようになるのはどうしてなのか。

　ここにはさまざまな問題が横たわっているが、「方法」をテーマとする本書の趣旨に即して、さしあたり二点のみ指摘しておきたい。第一に、日常生活の場で母語を話す人々は、もっぱら会話の内容に関心を向けるのであって、会話

の方法や文法には無自覚であるということ、さらにはどのようにして母語が話せるようになったかなど考えないし問われてもうまく答えられないということ（方法の無自覚性）、そして第二に、会話状況や相手が次々と変化したとしても、状況に応じた適切な会話をすることができるということ（方法の一般性）、この「無自覚性」と「一般性」の二点を「方法」の基本特性として指摘することができるだろう。

　それゆえ優秀な教師とは、担当学年が変わったり異動して地域が変わることで子どもの様子が大きく変化したとしても、そういうことに左右されずクラスをまとめることのできる教師という意味である。それはたとえば、上級スキーヤーとは、雪質や斜度が刻々と変化しても柔軟に対応しつつ滑れるスキーヤーのことを意味するのとまったく同じであり、これこそが「方法の一般性」の意味するところである。しかしでは、このような特質をもった方法（ワザ、コツ）を、どうやったら身につけることができるのだろうか。すぐに思いつくのは、その道の専門家にワザやコツを教えてもらうことだろう。

　多くの領域に名人と言われる人がおり、教師の世界も例外ではない。しかし名人とは、優れた結果を生み出す実践者ではあるが、自分の実践方法を自覚的かつ分析的に語れるとは限らない。もしかしたら心構えや信念を表明するだけかもしれない。それが無意味だとは思わないが、そうした教訓めいた言葉を信奉するだけではどうにもならないことも多いのではないか。「名選手は名監督にあらず」とはプロ野球世界で良く言われる格言だが、こうした格言に「方法の無自覚性」問題が象徴的に現れているように思われる。

　教育現場にも、子どもの主体性を伸ばしたり目を輝かせる授業方法についての教訓がいつの時代にも存在したし今でも存在する。「こうすればこうなる」とは、「こうすれば」という原因と「こうなる」という結果との結びつきとして物事を理解しようとする考え方だが、この種の因果関係認識の特徴を知ることは教育方法を考える上でも重要である。

3. 信念としての「こうすればこうなる」：
因果関係とは何か

　「酸素がなくなれば蝋燭の火が消える」などのように、自然現象の世界では、原因事象A（酸素がなくなる）が先行し、結果事象B（蝋燭の火が消える）がもたらされると考えることができる。つまり、「A→B」という因果関係は、「時間的に先行するAが原因となってBが生起した」という不可逆的必然関係であり、その関係性は、誰が検証しても同じ結果に到達できるという意味で信頼できる。そして私たちは、同じような理解様式を社会現象にも適用して「こうすればこうなる」という語りを生み出しているが、ここには決定的な違いがある。

　因果関係を立証するためには、原因事象Xと結果事象Y以外の「他の条件はすべて等しい（変化しない）」という前提が必要不可欠となる。つまり、蝋燭の火は強風が吹いたり水をかけたりしても消えるが、これらが生じないように条件を統制した実験室状況を作れなければ「X→Y」という因果関係は立証できないということだ。

　しかし教育の世界には、蝋燭の世界とは異なる大きな特徴がある。それは、「教育に即効性はない」という格言に象徴されるように、XからYが導かれる間にかなり長い時間経過が想定されていることである。それゆえ、「こうすれば」から「こうなる」までの時間経過のなかで、Xはもとよりそれ以外のさまざまな要素も変化してしまうばかりか、想定外のあらたな要素が入り込む可能性も高く、「こうすればこうなる」ことなどほとんど期待できないことになる。もしこの考え方が妥当なものだとすれば、それにもかかわらず教育の世界では、「育児放棄が原因で犯罪を犯した」「アクティブ・ラーニングは子どもの主体性を育む」などといった因果的思考が強い影響力をもっているのはなぜかということになる。

　この問いに答えるためには、そもそも私たちは、どのような時に因果関係に関心をもつかを考えてみればよい。私たちの日常生活は、基本的にはあまり変わり映えのしないくり返しと言ってよい。だから安心と安定を得ることができるが、そうはいっても、事件、事故、災害など予想外の出来事が突然身近で発

生するかもしれないし、実際、世界を見渡せば、常にどこかで自明性を切り裂く出来事が起きている。その時はじめて、「どうしてこんなことが起きたのか」「なぜ、あの人はあんなことをしたのか」と「原因」や「動機」を知りたくなるだろう。このように、ある出来事の問題視を起点として、それ以前の過去の出来事のなかに原因を探し求めようとするのである。それゆえ、社会現象をめぐる「A→B」という因果関係は、Bを問題視し「なぜBが起きたのか」を知りたいと思う私たち（研究者としてであれ日常生活者としてであれ）の遡及的解釈によって作られるものであり、そこには「正解」もなければ正解を導く「方法」も存在するわけではない。

　ここから言えることは明らかだ。教育実践に関わる「こうすればこうなる」という言明は、因果形式を装った信念の表明以上のものではありえないということである。それゆえ、「こうすれば」という方法を忠実に再現しても「こうなる」保証などはじめから存在しなかったということになる。それに、「こうすればこうなる」という語りが「因果的に立証された正解である」とするなら、教育実践方法をめぐる論争は消滅するはずだ。なぜなら正解のあるところに論争は存在しないからだ。

4. 必然としての方法・選択としての方法：
IRE形式への着目

　教科書は、正解があることを前提に作られており、子どもたちに期待されているのは教科書内容を覚えることであり批判的に検討することではない。あるいは学問の世界でも、仮説が検証されたり決定的な証拠が見つかることである知見が定説となり、論争に決着がつく場合があるだろう。しかし方法をめぐっては、たとえ「唯一正しい方法」が確立されたとしても話はそこで終わらない。なぜなら、その唯一正しい方法を身につけるためにはどうすればよいかというあらたな方法問題が立ち上がり、またもや悩まされることになるからだ。こうして無限地獄に陥り、どこまでいっても「どうすれば良いか」という方法をめぐる問いは最終的な着地点を見出せないおそれがある。だからこそ、あらゆる

領域でマニュアル本が氾濫するのであり、「こうすればこうなる」というあらたな方法が次から次へと提案されては廃れるということのくり返しとなり、教師はもとより自分なりの方法を模索中の人々は常に振り回されることになる。

ただし急いでつけ加えるなら、こうした無限地獄は、「正解と言える唯一のやり方があるとすればどうなるか」という想定問答から導かれる論理的な可能性の話であり、現実世界では生じないように思われる。なぜなら、私たちはいつの間にか母語を習得するのと同じように、職業生活のなかでも、いつの間にかその職業に特有の方法を身につけ実践できるようになるからである（方法の無自覚性）。

たとえば、本書のなかでしばしば言及されることになるIREという相互行為形式（その形式特性については第5章を参照）は、母語の文法と同様、人間世界に固有の特性をもっている。というのは、何かを教える立場になれば誰でも（子どもでも）無自覚のうちにIRE形式を実践するようになるからである。なぜ無自覚のうちにできるようになるかといえば、そもそも子どもとは、しつけや教育という名のもとに導入される問い（I）に、常に応答（R）を求められ評価（E）され続ける存在であることを意味するが、そのような相互行為形式のなかを生きることで、「教える」側に回った時にどうすれば良いかをいつの間にか学び取っているからである。それはたとえば、なぞなぞ遊びやごっこ遊びをする子どもたちのやりとりのなかに端的に観察可能である。

ここで重要なのは、「ごっこ遊び」は単なる「模倣＝物真似」とは異なるということだ。たとえばチンパンジーの子どもは、母ザルを模倣することで、石を道具としてヤシの種を割ることができるようになるという。これを受けて松沢は、「教えない教育、見習う学習」と命名し、徒弟教育と似ていると述べている（松沢2011, p.137）。しかしそれに続いて、チンパンジーの母は教えることも認めることもしないと、きわめて重要な指摘をしている（松沢2011, p.140）。つまり松沢は、チンパンジーの親子関係は徒弟教育に似ているが、そこにIRE形式は観察できないと言っていることになる。もしそうだとすれば、ここには教育的相互行為のとらえ方について重大な誤解があるように思われる。

徒弟制において、「I」に該当する師匠の意図的指示がほとんどなく、弟子は

師匠のやり方を見よう見まねで修業を始めなければならないとすれば、たしかに「R」には模倣の側面があるかもしれない（ただし、学習者の反応としての「R」の基本特性は模倣ではない。「にーたすにーは」と問われたオウムは「にーたすにーは」とくり返すだろうが、人間の子どもは「よん」と答える。これは指示への応答であり模倣ではない）。しかし弟子は、師匠や先輩という他者からの評価（E）に日常的に晒されており、徒弟制においてもIRE形式が不可欠の要素となっている。つまりサルの道具使用の世界は、他者による評価や承認が欠如しているという点で徒弟制とは質的に異なるということだ。ここで他者とは、徒弟制の場合は師匠や先輩という具体的な存在を意味するが、学校教育場面では社会や国家という抽象的な存在であり、教師はそれらを代弁する役割を果たしている。このように考えるなら、IREこそが教育行為を根底から支える形式構造であり、人間は無自覚のうちにそれを実践できるようになることで次世代への文化の伝承者となるのである。

　それに対してスキーの滑り方や蕎麦の打ち方は、それを学ぶかどうかは選択の問題だ。だからまったくできなくても逸脱者と評価されることはないし、できるとしても「上手か下手か」「プロか素人か」という優劣で評価される。つまり同じく「方法」とはいえ、母語の文法や会話の方法のように、それが実践できなければ相互行為が成立しないといった根本的で規範的な性格をもつ方法と、選択の余地があり優劣の程度として評価される方法との二種類に分類できるように思われる。そして、エスノメソドロジーの創始者であるガーフィンケルやサックスが解明しようとしてきたのは、もっぱら「見えるけど気づかれない」「実践はできるが自覚はしていない」規範的な方法であり、その習得は人間であるための不可欠の条件であり選択の余地はない。それに対し、問題解決型学習やナラティヴ・アプローチを採用するかどうかは教師の判断に委ねられており、熟練を必要とする優劣に関わる方法という特性をもつ。

■ 5. 規範的方法と優劣的方法：発達障害への着目

　ここまでの議論を受けて提案したいのは、方法概念を、「規範問題」と「優

劣問題」に関わる二種類に分類できるのではないかということである。では、このように分類することにいかなる意義があるのか。ここでは、学校教育に馴染み深い「発達障害児」「問題児」「スポーツマン」という3つのカテゴリーを比較するなかで論じてみたい。

　発達障害とは、ある状況のなかで期待されるふるまいを実践できない行為者に適用されるカテゴリーである。なかでも小学校のように、学級を単位とし、時間割に従って児童の行動を厳しく制限することで秩序を維持しようとしている空間では、些細な逸脱的ふるまいでも目立つことになる。これまでなら「問題のある子」などと称され指導の対象となっていたかもしれない子どもが、近年では、逸脱の医療化傾向の浸透により、「注意欠陥多動症」や「自閉スペクトラム症」などの病や障害カテゴリーによって捕捉され治療の対象となる可能性が高まっている。

　とくに幼児の場合、逸脱的ふるまいのなかに本人の意志を観察しにくいことから、周囲の大人の対応の仕方が決定的に重要となる。「発達のゆらぎ」ととらえて様子を見ながら「待つ」のか、それとも「病的な発達の遅れ」ととらえ治療過程のなかに親子ともども身を投じるかである。そして現代日本社会は、発達障害を脳機能障害の一種と法律的に定義するような状況にあり、子どもの逸脱的ふるまいに対する社会不安が増大することで「待てない」親が増加しているように思われてならない。もしそうだとすれば、子どもが示す「ゆらぎ」は「障害」へと容易に変質していくことで、逸脱的ふるまいをする子どもは、意志的行為者から病的存在へとその地位を質的に転換させることになり、教育的文脈のなかでは特別な支援が必要な子どもとして通常学級から「排除」されることになるかもしれない。もちろん、特別支援学級から通常学級への転籍もありうるという意味では完全な排除ではないが、本人の意志とは無関係な脳機能障害と理解されることで、「発達障害」は「正常／異常」という規範問題に属するカテゴリーとしての特性を帯びるのである。

　それに対して「問題児」とは、学校秩序を乱すふるまいをする存在という意味では発達障害児に似ているが、「障害」とはみなされないところに決定的な違いがある。つまり問題児とは、意図的に規則違反や秩序撹乱を試みる存在、

言い換えれば、規則に従うふるまい方ができないのではなくふるまおうとしない存在であり、問題児の「問題性」は深刻さの程度問題とみなされている。その意味で「問題児」カテゴリーは、規範性を帯びつつも善悪や優劣の程度問題としての特性もあわせもつ複層的なカテゴリーとして機能している。だから問題児は生徒指導の対象となる。

そして「スポーツマン」とは、野球、陸上競技、バスケットボールなどに優れた成果をあげる生徒のことだ。たしかに優れていれば賞賛されるが、体育の授業が苦手だからといって人間的に非難されることない。その意味で、スポーツは優劣の程度問題には関わるが規範的な問題ではないし、スポーツをするかしないかは選択の問題であって人間的必然ではないということだ（親や教師に強制されることはあるかもしれないが）。

このように考えてみると、「ダメ教師」と「不適格教師」との違いも明確になるのではないか。つまり、ダメ教師とは「やる気がない、教え方が下手だ」という優劣問題において劣位に評価される教師であるのに対して、「不適格教員」とは字義通り「適格性」という規範レベルでの評価がなされていると考えられる。もちろん現実世界では、優劣問題と規範問題とは連続線上に位置づくことも多いだろうが、優劣領域に属している間は指導の対象となるが、規範領域の問題と認知されると排除の対象となるというのが論理的帰結であり、社会の対応が質的に変化するということが決定的に重要である。

6. 方法の習得について

母語の文法、会話の方法、教授学習方法としてのIRE形式など選択の余地がない規範性を帯びた方法は、ある共同体を生きるなかでいつの間にか身につき実践できるようになる、としか言いようのないところがある。とはいえ、無自覚に習得し実践しているIRE形式を分析的に記述することを通して、教師がみずからの実践方法を自覚できるようになれば、その形式を応用することで教授方法を豊かにすることも可能だろう。ここにこそ、教師と児童生徒の相互行為をエスノメソドロジーをはじめとした社会学的アプローチから分析することの

意義がある。

　それに対し、外国語会話、楽器演奏、料理法など多種多様な方法を、私たちはどのように選択し習得し実践しているだろうか。親、教師、師匠、先輩などのしていることを見よう見まねでやっているうちにいつの間にかできるようになることもあるだろう。その意味では、母語や日常的ふるまい方の習得の場合と似ているともいえる。あるいは、語学学校やピアノ教室や料理学校に通ったりマニュアル本を読むことで身につけようとすることも多いのではないか。前者の見よう見まねが徒弟制に酷似しているとすれば、ピアノ教室やマニュアル本の世界が学校教育をモデルとしているといえるだろう。では、徒弟制と学校教育の違いは何だろうか。

（1）徒弟制と学校教育：教科書的知識の誕生と意義

　徒弟制の最大の特徴は、習得すべきワザや知識が特定の職業（蕎麦職人、プロ野球選手など）と結びついており、労働と教育とが融合していることにある。たとえば板前修業の世界は、たとえ失敗しても全体の仕事に悪影響を与えないような「追い回し」と呼ばれる雑用係から始まり、徐々にワザと知識を身につけ料理人として成長できるような実践的共同体としての構造をもっているが、こうした徒弟制の特徴をレイブとウェンガーは「正統的周辺参加」と命名し興味深い議論を展開している（Lave and Wenger 1991=1993）。

　人間社会の長い歴史のなかでは、徒弟制的教育システムこそが文化の伝承を担ってきたが、近代国家の誕生と資本主義的分業システムの進展に伴い学校教育制度が整備され、教授学習様式も質的に変容することになる。学校教育の最大の特徴は脱文脈化された知識の教授学習にあるが、脱文脈化された知識とは労働世界から切り離された教養的知識という意味であり、特定の職業に役立つものではない。むしろ、直接的には役立たないからこそあらゆる職業に役立つ可能性があるともいえ、高度に分業化され流動化の激しい現代社会にこそ適合的な知識形態といえるだろう。しかし、教養とは労働から切り離された普遍的な知識であるがゆえ、その習得過程のなかに具体的な目的が内在化されていないという問題を孕んでいる。それゆえ教師たちは、「将来のため」といった抽

象的な目的を語る以外の言葉をもっていないことも多く、他方子どもたちは、目的がわからないままに与えられた教科書知識をひたすら覚え正解を求めるためだけの学習に陥りがちである。

　こうした状況に対してはさまざまな批判がなされているが、ここではその種の批判論には立ち入らない。そして「方法とは何か」というテーマに焦点を絞り、「知識と方法」との関連性についてライルの議論を手掛かに論じたいと思う。

（2）「知識を学ぶ」ことと「方法を学ぶ」こと

　「知識を学ぶ」ことは「忘れる」ことと結びつく。これは概念的にも経験的にもいえることで、実際、教科書的知識のほとんどは大人になれば忘れてしまう。しかし、一度身につけた方法は忘れない。というより方法やワザという概念は、「忘れる」ではなく「鈍る」や「錆びつく」という述部と結びつく。一定レベルの方法やワザを身につけた人でも、しばらく実践から遠ざかればうまくいかないことがある。しかしその時も、ピアノの「弾き方を忘れた」とは言わず、「しばらく弾かないうちに腕が鈍った」などと言うはずだ。この問題についてライルは、内容知（＝知識）は一度で覚えることができ（あらゆる知識を一度で覚えられるわけではないが）、誰かに教えることも誰かと共有することもできるが、方法知（ワザやコツ）は、自分で徐々に身につけるしかなく他者と共有することができないと述べている（Ryle 1949=1987, pp. 74-75）。

　知識は瞬時に覚えられるかもしれないが、手っ取り早くワザを身につける方法はないということだ。しかも、時間をかけてなんとか身につけたワザは、知識と同じようには他者と共有することができない。それゆえ、なんらかのワザを教える側も教わる側ももどかしさを感じることがあるのではないか。そして、その間隙に侵入してくるのがマニュアルである。ここでマニュアルとは、ある方法の習得を目標とする「手引き書」といった意味であるが、料理の世界でいえばレシピに近い。それは、長い時間をかけるなかで身につく方法の習得過程についての知識を短期間に覚えることで対処しようとする試みであるが、ここに一種の倒錯が起きやすい。

たとえば、蕎麦にまつわる多種多様な知識をどれほど豊富に覚えようと、それだけでは決して蕎麦職人にはなれない。方法は身につけるものであって覚えるものではないからだ。それゆえマニュアル信奉者とは、「方法」についての知識を覚えることで「方法」を身につけようとする滑稽な人物ということになるかもしれない。しかし実は、現代の学校化された社会ではこの種の倒錯は珍しいことではない。たとえばレイブとウェンガーは、職業学校での教育内容を分析した先行研究を紹介するなかで、徒弟制を基盤とした職業教育のなかに学校教育的な教え込み様式を導入することが職人養成をますます難しくしていると、皮肉な調子で論じている（Lave and Wenger 1991＝1993, p. 57）。

　ただし、だからといって方法についての知識を学ぶことが無意味だと言いたいわけではない。たしかに実践方法についての知識を学ぶだけでは実践できるようにはならないが、実践方法の多様性を知ることがみずからの実践をふり返るきっかけとなる可能性がある。そもそも社会学を学ぶとは、社会学的知識を学ぶだけでなく、私たち自身の実践方法を分析するための社会学的方法を学ぶことでもある。そして本書は、教師がみずからの教育実践を創造するために、教育実践を「方法」の観点から分析する「方法」を提示しようとする試みであり、これこそが『教師のメソドロジー』というタイトルに込めた私達の狙いである。

（北澤　毅）

〈引用文献〉

Lave, Jean and Etienne, Wenger, 1991, *Situated Learning: Legitimate Peripheral Participation*, Cambridge University Press. (＝1993, 佐伯胖『状況に埋め込まれた学習――正統的周辺参加』産業図書).

松沢哲郎, 2011,『想像するちから――チンパンジーが教えてくれた人間の心』岩波書店。

Ryle, Gilbert, 1949, *The Concept of Mind*, Hutchinson. (＝1987, 坂本百大・宮下治子・服部裕幸訳『心の概念』みすず書房).

第1部　小学生になるということ　各章ガイド

　この本を手にとってくれた読者にはおそらく、小学生になった経験があることだろう。小学生と関わった経験のある人も多いかもしれない。そこで、次の2つの問いを投げかけてみたい。それは、「『小学生』と聞いて何を想起するか」、「どのようにして『小学生』になった／なるのか」である。いずれの問いに対しても、個別のエピソードは数限りなくあげられるだろう。しかし、一つ目の問いに対しては、おおよそ共通のイメージを抱くことができるだろうし、二つ目の問いに対しては、おそらく誰も明確に答えられないのではないだろうか。それは、いずれも「当然」、「無自覚」のことであって、われわれがあえて問おうとはしない問いだからである。とはいえもちろん「小学生になること」に無関心であるわけではない。そこから始まる学校＝社会生活にうまく適応できるかどうかは、その後の人生を左右しうるといっても過言ではないからだ。

　第1部では、子どもが「学校」という社会の成員になっていく局面に焦点を当て、そこで何が行われているのかを詳細に記述することを試みる。それは「子ども」に対するわれわれのまなざしの向け方をとらえ直す機会でもある。

　第1章では、小学生になる第一歩としての「1年生になること」に着目する。入学式後、はじめてメンバーが出会う場面の分析を通して、就学の前後で、子どもたちにとっての「1年生」カテゴリーが変容するさまが描かれる。就学前、憧れの対象だった1年生は、「学校」社会においては新参者として位置づけられる。それは戸惑いの経験ではあるものの、自分に何が足りなくて、何が期待されていくのかを具体的に示されるという意味で、変化の契機でもあるのだ。

　第2章では、学校特有のやりとりの方法である、発言権を求めるための「挙手」をめぐるルールの教授－学習場面に着目する。挙手ルールの実践は、教師にとっては授業秩序の維持という機能を、子どもたちにとっては、集団の一員であると同時に個でもあることの自覚を促すという機能を果たすことが指摘される。はじめての授業場面で挙手ルールが導入され、それを実践できるようになっていく局面は、1年生という新参者から「児童」への変容の契機といえよう。

　「小学生になること」とは、なんらかの足りなさを自覚し、時に理不尽さに直面しつつもそれを受け入れ、期待されるふるまいを身につけていく過程とも

いえる。そしてそれこそが、できなかったことができるようになること、すなわち成長を実感し、学校＝社会の一員になっていくことでもあるのだ。

　しかし、続く章において、それは既存の社会へ子どもを招き入れる側からの物語であることに自覚的であらねばならないと警鐘が鳴らされる。忘れてはならないのは、子どもたちもまた各局面におけるやりとりに積極的に参加しているということだ。にもかかわらず、われわれは大人に向かう変化の過程の準備段階にあるもの、未熟なものとして子どもを語りがちである。

　第3章では、その物語の規範性の強さを指摘した上で、保育園における保育士と園児とのやりとりの様子を、ひとりの社会的行為者＝beingとしての子どもという観点からとらえる。協働的なやりとりを志向する行為者たちが描かれるなかで明確になるのは、大人の示す「正統な文化」を強いられつつも、時に抵抗や交渉を重ねつつ果敢にそこへ挑んでいく子どもの姿である。

　われわれが無自覚に採用している語り方、とらえ方がある一つの方向性をもったものであることを自覚する時、実践に対するあらたな見方が拓ける。「日常」に、「常識」にあえて問いを向け、みずからが実践している方法に接近するというやり方である。しかしそれは一筋縄ではいかない。実践者であるがゆえの困難さがそこに待ち受けている。そこで有効なのが臨床的アプローチである。

　第4章では、幼小連携という取り組みに実践者と研究者が相互に関与することで、双方が変容していくさまが描かれる。実践者といっても幼稚園教員と小学校教員を一括りにすることはできない。取り組みを展開させていくなかで明らかになるのは、両者の違いであった。指導観の違い、カリキュラムのとらえ方の違い、それらを語る言葉の違いをふまえ、小1プロブレムという課題・問題への対応や解決に向けての「対話」を成立させるためにはそれぞれの方法を相対化する視点が必要となる。その一助を担うのが、研究者のかかわりである。

　第1部では、教育実践の場において無自覚とはいえ実際に採用されている方法に着目することを通じて「社会学的に教育実践を創る」ことの意義が示される。「子ども」「小学生」に向けられるまなざしの変容は何をもたらすだろうか。

（小野奈生子）

CHAPTER 1
園児から1年生への「飛躍」としての社会化

■ 1. 人生のターニングポイントとしての「就学」

　「就学」あるいは「1年生になること」――自身の経験としては記憶のかなたに埋もれていたことがらが、研究者として学校現場の観察を重ねていくなかで、また、親として子どもを育てるという実践に関わるなかで、まさに「人生のターニングポイント」としてとらえ直されていく。本章は、そうした筆者の経験の相対化も含めた内容となっている。

　就学をめぐっては、さまざまな準備がなされる。幼稚園・保育園では小学生との交流活動などを通して、数ヵ月後に待ち受けている生活様式の一部を体験させたり、家庭では就学のために必要なもの――その象徴がランドセルなのだが――をそろえたりする。子どもたちのふるまいが、就学の準備ができているかどうかという観点から――さすが、もうすぐ1年生だね。それじゃ1年生になれないね――評価されるようになるのもこの頃である。われわれは知っているのである。就学という節目で、それまでとは異なる仕方での経験の組織化が求められるようになること、異なる基準のもとでふるまいが評価されるようになることを。そしてそれこそが、「新1年生」を取り巻く「期待と不安の入り混じった」あの独特な雰囲気を生み出す。

　いっぽう、4月、あらたなメンバーを迎え入れた学校では、更新されたメンバーたちによってあらためて「学校」という秩序が形成・維持されていく。メンバーの更新自体はどのような集団においてもありうることだが、一定のサイクルで一定数のあらたなメンバーを取り込みながらも、一定の秩序を形成・維持していくことをくり返しているという点で、学校は特殊である。個別の事例を見れば、それぞれの学級、学年、学校ごとのやり方によって各集団は経験されていくのであって、同じものは2つとないにもかかわらず、不思議とそこに

17

は「学校らしさ」が形成されていく。

　小学校での観察を通していえるのは、新年度を迎えた1年生の教室で実際に展開されていることの多くは、「はじめてのこと」についての詳細な説明とその実践だということだ。挨拶の仕方、自分の持ち物の整理の仕方、トイレの使い方、給食の食べ方、授業の受け方、休み時間の過ごし方など、一見些末なことのようにも思われることがらが、多くの時間と手間をかけてていねいに説明され、子どもたちはそれらをひとつずつ「新しい経験」として実践し、積み重ねていく。

　そのような多くの「はじめてのこと」や「新しい経験」を重ねながら学校生活を送るなかで、いつのまにか正規のメンバーとなった彼らは、1年後あらたなメンバーを迎え入れる側の者となっていくのである。ありふれた情景でありながら謎めいた過程——そのほんの一端を考察してみたいと思う。

2. 「出会い」の場

　われわれが新しい場に参与する際、そこでいかなるふるまいや行動様式を選びとっていくべきかを判断するために、既存のメンバーがどのようなカテゴリーを担った者なのか、そして自分がどのようなカテゴリーを担うことになるのかを知ることは重要である。また反対に、ある場に新規参入者を招き入れる際、あらたに加わろうとするメンバー候補者をどのようにカテゴリー化するかといったこともまた、参与者間でその後展開していくであろう具体的活動や秩序維持にとって非常に重要な関心事となる。

　学校という場への新規参入者が、まさにそこへ参入していこうとする段階において、〈彼ら〉は「誰」として迎え入れられ、「誰」と出会うことになるのだろうか。新規参入者にあるカテゴリーを担わせるということは、時に〈彼ら〉に相応の変容を迫ることでもあり、すでにその場に参与していた者が担うカテゴリーをあらためて確認し、時になんらかの調整を行うことでもある。

　以上のような観点から、本章ではまず、小学校の入学式直後の教室場面と入学後間もない時期の教室場面を取り上げ、そこでは「誰」と「誰」がどのよう

にして出会って／出会おうとしているのか、つまりいかなるカテゴリー化実践が行われているかを描き出すこととする。まずは、メンバーたちが「はじめて」出会う場面を取り上げてみよう。

【場面１】「出会いの場」（2008.4.9）
01　H　さて、ここで問題です。みんなは今日小学校に来ました。はい、何小学校に来たでしょう。
02　Ps　Nしょうがっこう。
03　H　１問目クリアです。はい。教室に入りました。ここね、教室って。このお部屋のこと教室っていうのよ。何年何組でしょう。
04　Ps　いちねんにくみー。
05　H　次、１年２組には、ふたりの先生がいます。今、しゃべっている先生は誰でしょう。
06　Ps　HYせんせい。
07　H　すごい。すごいね。（略）先生まで付けて言ってくれてどうもありがとう。先生はHYといいます。よろしくお願いしますね。Y先生でいいですよ。照れちゃうな。そして、
08　Ps　TMせんせい。
09　T　はい。先生は、TM、といいます。でね、みんなと同じで、N小学校に、えー、今年から来た１年生です、先生も。よろしくお願いします。
10　Ps　えー？
11　T　H先生にいろいろ教わりながらね、みんなとなかよく勉強したいと思います。
12　P　いちねんせい？

入学式の後、まさに「はじめて」、教室でクラスのメンバーが出会う場面である。教員の自己紹介の場としてとらえることができるこの場面では、複数のカテゴリーが明示的に使用されていることが見てとれる。ここで用いられているカテゴリーを細かく見ていくと、さまざまな点で興味深い。その興味深さを描き出すために、サックス（Sacks, H.）の提示した「成員カテゴリー化装置（MCD：Membership Categorization Device）」（1972）について、以下の議論に関わる部分のみを簡潔に確認しておこう。

2．「出会い」の場　　19

（1）成員カテゴリー化装置という手がかり

　MCDについて確認しておくべきことは以下の2点である。第一に、われわれがある人を何者かとして指示する、すなわちカテゴリー化する時、単に1つのカテゴリーをその人に適用しているというだけではなく、同時に、そのカテゴリーを含むいくつかのカテゴリーが属す「カテゴリー集合」を用いているということである。ある人を指示するカテゴリーは原理的には複数存在するが、たとえば、「女性」というカテゴリーを適用する場合、それは同時に、「男性」というカテゴリーを含む《性別》というカテゴリー集合を使用しているということであり、また、「母親」というカテゴリーを適用する場合は、「父親」、「子ども」といったカテゴリーを含む《親子》あるいは《家族》というカテゴリー集合を使用しているということである（以下、カテゴリー集合を示す場合は、その語を《　》で括ることとする）。

　第二に、カテゴリーには、それに「結びつく活動」がある。この結びつきは規範的なものであり、あるカテゴリーの使用がわれわれにいくつかのことを予測・理解可能にさせる。たとえば、ある人が「赤ちゃん」と指示された時、その人に会ったこともなく、まったく知らなくとも、どのような外見をしていて、どのようなふるまいをして、どのような人々と関わっているのかといったことを一定程度想像することができるだろう。もちろん、その予測通りでない場合もある。しかし、予測がはずれたとしても、予測自体が間違っていたと修正するのではなく、すなわち、「赤ちゃん」とその活動の結びつきをほどくのではなく、指し示したその人のことを「『赤ちゃん』ぽくないね」と言うのである。さらには、「XであればYであるべき／Yできる」といったように、権利や義務、可能性といったことがらもそこには含み込まれていく。「赤ちゃん」であれば、「泣く」ことは当然であり、その時、（《親子》という同じカテゴリー集合に属す）「母親」が、「抱く」、「ミルクをあげる」などといった具体的ふるまいによって「世話をし、泣き止ませる」ことが期待され、時にはそれらが「母親」の責務として要求される結びつきが規範的なものであるというのはそのような意味である。

　以上の2点に注目した上で、【場面1】で明示的に使用されていたカテゴリ

ーについて、その特殊性という観点から検討していくこととする。

① 「1年生」というカテゴリー

「1年生」というカテゴリーは興味深い。まず、このカテゴリーが属する集合としてどのようなものが考えられるだろうか。すぐに思いつくのは、《学年》というカテゴリー集合である。学校段階によってそこに属すカテゴリーの数は異なるものの、「1年生」は必ず存在する。

しかし、それ以外の数字を含む学年カテゴリーとは区別可能な、特別な使用のされ方があることもまた指摘できよう。たとえば「私はこの世界ではまだ1年生なので」あるいは、「君もまだまだ1年生だな」などと言えば、それは、経験のなさをはじめとするなんらかの不足の事態を説明し、未熟、未完成といった意味を示すことになる。つまり、「1年生」というカテゴリーは、「n年生」というカテゴリーとともに、《学年》というカテゴリー集合の一要素であることもあれば、「上級生」、「経験者」などと並列されて《経験の程度》を示し、新参者、未熟者といった意味づけをいっそう強くされるということだ。「1年生」カテゴリーのこのような使用により、時に免責されることはあるものの、常に、不十分さを突きつけられるということだ。

さらにつけ加えるならば、《学年》というカテゴリー集合は学校段階ごとに設定されうるにもかかわらず、日常的な会話において、「今度1年生になるんだ」などと使用する場合、それは「小学校1年生」を指し示していると経験的にいうことができるのではないだろうか。このことは、後で検討しよう。

② 「先生」というカテゴリー

「先生」というカテゴリーもまた非常に興味深い。《職業》というカテゴリー集合の一要素として位置づき、学校教員という意味として立ち現れることもあれば、《学校》というカテゴリー集合の一要素として「児童」「生徒」などとともに位置づけられることもある。そしていずれの場合も、「先生」というカテゴリーには、他のカテゴリーよりも明確に立場の優位性や相応の責務が付与される。このカテゴリーを担う者のふるまいに対して、われわれの社会が向けている関心の大きさ、問題が生じた際に課せられる社会的な責任の大きさについてはいうまでもない。このことは、「先生」というカテゴリーが、職業と関連

した敬意を含む呼称としても用いられるということと無関係ではないだろう（この場合には医者、政治家、弁護士、学校教員などがあてはまる）。

（2）「1年生」「先生」カテゴリーの同時適用

【場面1】では、メンバーたちはそれぞれ、「1年生」、「先生」といういずれも興味深いカテゴリーを担う者として出会っている。この実践が、以後展開するであろう具体的な活動や秩序維持にとって重要なものとなってくるのである。

順を追って見ていこう。まず使用されているのは、「先生」である（05、06、07、08、09、11）。このカテゴリーが、職業と関連した敬意を含む呼称として用いられることを先に確認したが、ここでの使用がそれである。なかでも07、09における使用のされ方は注目すべきである。というのも、敬意を含んだ呼称は、通常二人称もしくは三人称で使用されるものであるにもかかわらず、ここでは一人称として使用されているからである。この点について考える際に、「人称──呼称の交換システム」（阿部1997, p. 455）が導きの糸となる。阿部（1997）は、対等な関係性、つまり正規のメンバー間では発話主体によって交換されるはずの人称が交換されないという事態が観察され、そしてその事態に対して違和感を抱かないというところ（たとえば、「ボク、いくつ？」とか、「お父さんがだっこしてやろうか？」なども本来使用される人称とは異なる人称が用いられている表現である）に「子ども」の観察可能性を見出した。通常二人称もしくは三人称で使用されるはずの人称が一人称で使用される事態とは、相互行為の相手が人称の交換が十分にできないことを見越して、あえて相手の立場から見た人称を使用するということである。ここに一定の非対称性を指摘することができる。

【場面1】に見るように、「先生」という敬意を含み込んだカテゴリーを一人称として使用するという事態には、より積極的な意味、すなわち《学校》、《学級》というカテゴリー集合内の各カテゴリー間の関係性、もっといえば、権利・義務の配分の非対称的なありようを伝えるという側面があるだろう。

さらに注目すべきは、09、11において、同一人物が複数のカテゴリーを引き受けているという点である。「はい、先生は……」と始まる09は次のように続く。「でね、みんなと同じで、N小学校に、えー、今年から来た1年生です、

先生も。H先生にいろいろ教わりながらね、みんなとなかよく勉強したいと思います」。ここでTは、当該場面に居合わせる成員間の関係性をめぐっていくつかのことを成し遂げているように思われる。ひとつずつ見ていこう。まず、自分は「先生」である。先に述べたように、ここで当該カテゴリーを一人称で使用することにより、発話が向けられた者たちとの関係性を一部伝える。そして自分も「みんな」、すなわち発話が向けられている者たちと同じく「1年生」であり、そのカテゴリーに結びつく活動として、「H先生にいろいろ教わりながらなかよく勉強する」と続けるのである。すると、《N小学校1年2組》というカテゴリー集合に属する複数のカテゴリーをめぐるやりとりのなかで、当該場面に参与する者たちの関係性が、非常に巧妙なやり方で図1−1のようなものとして立ち現れてくるのである。われわれはこの場面を見て、ここで立ち現れた関係性のもと、以後の相互行為が展開されるということ、すなわち、N小学校1年2組では、担任のH先生と副担任のT先生によるティームティーチングが行われていくことを予測することができるだろう。そして、発話を向けられた〈彼ら〉もまた、即座にその関係性を理解せずとも、後に展開していく相互行為のなかで折にふれそれを参照しつつ、みずからのふるまいを選びとっていくことになるのである。

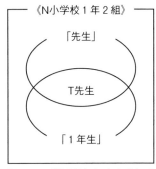

図1−1 〔場面1〕に立ち現れる参与者間の関係性

3. 「園児」から「1年生」へ

「就学」、「1年生になること」が「人生のターニングポイント」としてとらえ直されていく。この実感を示すには、出会いの場だけを見ていたのでは不十分である。「出会い」の前後で、〈彼ら〉はどのように「1年生」を経験していた／いるのだろう。

(1)「出会い」の前

　まず、出会いの前の段階についてであるが、残念ながら、〈彼ら〉のそれを知るすべはない。筆者は調査という機会をもって〈彼ら〉と接するようになったのであり、〈彼ら〉もまたその出会いの前はそれぞれの生活を送っていたことになる。しかしながら、〈彼ら〉が別の形で「1年生」カテゴリーを経験していたことは想像に難くない。その経験のありようとは、当時みずからが引き受けていた「幼稚園児」、「保育園児」などをその要素としているカテゴリー集合のうちのひとつとしてである。

　就学をめぐって、われわれの社会は多くの準備をする。その場で使用される「1年生」カテゴリーには「ランドセルを背負って、歩いて小学校に通う」「算数の勉強をする」などといった活動、そして「ひとりでできなかった（させてもらえなかった）ことができるように（させてもらえるように）なる」といった期待が結びつけられている。〈彼ら〉には折にふれ、みずからが担うことになるであろうカテゴリーに結びつけられた活動が伝えられ、希望と不安を抱きつつも、実際にそれを担う日を待ち望んでいたのではないだろうか。

(2)「出会い」の後

　【場面2】は、入学式から6日後の教室における教師の発話である。紙幅の都合上、内容のわかる範囲で省略してあるが、実際の表現に忠実に文字化している。当該時間帯は、「ゆうぐのつかいかた」という板書から始まり、校庭にある遊具の使い方について一通り教室内で説明がなされた後、実際に校庭に出ていって遊具で遊ぶという展開であった。ただ、不思議といえば不思議である。この場面において、〈彼ら〉のうち、遊具の使い方を知らない者がどれだけいただろう。幼稚園・保育園や公園など、就学前に遊具で遊んだ経験のない者など、いたとしても非常に少数であろう。にもかかわらずそれを詳細に説明するという実践には、文字通りの「遊具の使い方」を教えるということ以外のことがらが含まれているように思われるのである。

【場面２】ゆうぐのつかいかた（2008.4.15）
それで、学校のお庭ってすごい広いのね。たぶん幼稚園とか保育所より広いでしょ？ね？　で、はじの方に遊具ってあります。真ん中は、みんなが力いっぱい走ったりするところです。ボールで遊んだり。で、まわりの方に遊ぶものがたくさんあります。遊ぶものがたくさんあるんだけど、よくこうやる人がいます。お兄さんやお姉さんがここでボール遊びをしているところを、遊具に向かってダーッと走って、ビューッとかって突っ切っちゃう人、先生は知っています。（略）お兄さんが蹴った、ボーンと蹴ったボールが、たまたまバーッと走ってきてポコっと当たってしまいました。（略）だから、遊具で遊ぶ時は、まずは真ん中を突っ切ってはいけません。で、必ずはじの方を通っていくということが大切です。みんなは１年生だから。みんなよりおっきいお兄さんお姉さんたくさんいますからね。その人たちも一緒に遊んでるってことを忘れないでください。

　やはりここでも、〈彼ら〉に対しては「１年生」というカテゴリーが適用されている。そして一緒に用いられているカテゴリーは「先生」、「お兄さん」、「お姉さん」である。【場面１】同様、各カテゴリーは同一集合に属すものとされ、その関係性が示される。そして新参者としての〈彼ら〉と既存のメンバーたちとのあいだに展開されうる相互行為について説明がなされるのだ。ここから、〈彼ら〉にとって「はじめての」、「新しい」経験が明らかになる。実際、入学式からこの日までのあいだ、〈彼ら〉が休み時間に外で遊ぶ機会はなかった。しかしそれだけではない。「１年生」カテゴリーを担ったばかりの〈彼ら〉は、「幼稚園や保育所のお庭」では遊んだことがあるが、「１年生」として「校庭」で、もっといえば「休み時間」に遊んだことはないのだ。「はじめて」「校庭」で遊ぶ前に、すなわち、《小学校》というカテゴリー集合に属す上記カテゴリーを担う人々に実際に出会う前に、予期される相互行為の展開のありようや、要請される具体的な活動についての説明を通じて、その場におけるみずからの位置づけのされ方を知ることになるのである。それは、既存の秩序に新規に参入していく新参者としての位置づけを明確にしていくことで、〈彼ら〉に特定のふるまいを合理的に要請していく過程ともいえよう。

図1-2 「1年生」というカテゴリーを含むカテゴリー集合再編成のありよう

（3）カテゴリー集合の再編成実践

「出会い」の前後で〈彼ら〉は「1年生」カテゴリーを経験していた。しかし、その経験の仕方は異なるものだったのである。就学という機会によって〈彼ら〉が参入していこうとしている状況は、それまでとは異なるカテゴリー集合によって示されるものであった。就学後みずからが担うカテゴリーは予期した通り「1年生」ではあるものの、それが属す集合に含まれるその他のカテゴリーが就学前とは変更され、その変更によって、各カテゴリーと結びつく活動や期待もまた変容する。そこで、「ひとりでできるはずのことがまだできない」、「まだひとりではできないことがある」という現実を突きつけられるのである。この時を境に組み替えられたカテゴリー集合を図示するなら、図1-2のようになるだろう。

　「出会い」の後しばらくのあいだ、1年生の教室ではさまざまなことがらが「はじめてのこと」として経験される。それは【場面2】に見るように、すでに経験済あるいは習得済のように思われることがらであっても、である。1年生の教室に最初に調査者として入った際、そのことに対して違和感を抱くとともに、非常に興味をもった。たとえば、ひらがなの練習があげられる。就学前に多くの子どもたちはひらがなの読み書きができるようになっている。しかし、授業の時間を使って、また宿題という機会を使って、50音を一文字ずつ、時間をかけて練習していく。考えてみれば非常に不思議な（誤解を恐れずにいえば無駄のようにみえる）実践である。しかし、調査を重ねるにつれ、〈彼ら〉は「ひらがなを書く」ことをそれまでとはまったく違うことがらとして経験しているのかもしれないと感じるようになった。端的にいえば、筆順や大きさ、バランス、はては濃さといった観点から、書かれた文字は評価される。授業時に学習したひらがなは、宿題として再度ひとりで書いてみることで、身についたかどうかが評価される。正しい書き方ができるか、それが身についたか――ひらがなを書くということはそうしたことがらとして経験し直されるのである。

このことは、親として1年生のわが子に接するなかで、実感に変わった。
　〈彼ら〉はことあるごとに「はじめての」、「新しい」、さらには、「できない」という経験に直面し、ショックを覚えるだろう。しかしそのショックこそが、「1年生」ひいては「小学生」「児童」になるためには必要なものなのである。

（4）ショックの経験がもたらすもの

　学校教育をめぐるショックの経験について、山本（1991）はシュッツ（Schutz, A.）による「限定的な意味領域（finite provinces of meaning）」という観点から検討を行っている。

> 「限定的な意味領域」がそれに特有の認知様式にささえられているという事実は、異なる意味領域への移行の困難性を意味している。ある特有の認知様式によって世界を経験するとき、ひとはその世界をもっとも自然な世界として経験するからである。それゆえ、われわれは特有のショックを経験することなしに、意味領域の境界を突破することはできないし、他の意味領域に現実性を移行させることはできない。ある意味領域から他の意味領域への移行は、キルケゴールのいう「飛躍」によってのみ可能なのである（p. 100）。

　この議論は、先のカテゴリー集合再編成実践におけるショックの経験に通じるものだろう。学校教育もまたひとつの「限定的な意味領域」であり、そこに参入していく際には、ショックの経験を避けて通れない。
　しかしながら、「1年生」というカテゴリーをめぐる飛躍の経験をした彼らは、即座に当該カテゴリー集合ならびにカテゴリーの正規メンバーとしての位置づけをされ、しかるべきふるまいを要求されたり、責務を課されたりするわけではない。いわば「1年生になる」ための準備の過程が用意されている。その過程において〈彼ら〉は、それまでの経験や意識をいったんリセットして、あらたな経験の組織化の仕方、秩序維持の方法を身につけていく。それこそが一見些末なことのように感じられる「はじめての」「新しい」経験をともに積み重ねていくという実践であり、どの教室でも展開される、ありふれた情景で

ありながら謎めいた過程なのではないだろうか。この時、ショックの経験は、成長、進歩としての「飛躍」の契機となるのだ。

4. 「つまずきの原因」から「飛躍の契機」としてのステップへ

　社会がメンバーの更新をくり返しながらもその秩序の形成・維持を続けていくためには、新参者をも取り込んだ上で相互行為が展開されていく必要がある。その前提はいかなる社会においても同様であろう。その意味で、これまで述べてきたようなカテゴリー集合再編成実践はことあるごとに生起するはずである。われわれはそれを「成長」とか「進歩」という事象としてとらえている。しかし、生涯というタイムスパンで考えた時、誕生後はじめて社会に受け入れられていく／社会のメンバーになっていく過程を初期社会化過程と呼ぶならば、「就学」とは、その初期社会化をふまえてこそ展開する社会化の過程、換言するならば、初期社会化過程が一巡した後、「はじめて」その編成原理が組み替えられる経験なのではないだろうか。それは、われわれが日常的に「1年生になる」という時、それが「小学校1年生」を指し示していると経験的にいえること、そして小学校入学が、初期社会化過程における多くの発達課題のひとつのゴールとして設定されていること──学校に行くまでにできるようになるといいね──と無関係ではないだろう。「就学」はそれ以後に展開する際限のない社会化過程のはじまりを示す、まさにターニングポイントであるといえるのである。

　これまで述べてきたような事態をめぐっては、たとえば、小1プロブレムという問題状況を想定し、秩序形成・維持の方法の大幅な変容を回避するために前後の教育機関の連携が必要だという議論が可能かもしれない。もちろんその重要性を否定するつもりはない。しかし、社会化、もっといえば、成長や進歩としての「飛躍」のためにショックの経験を避けては通れないこと、さらにはショックの経験の後に、社会は一定の準備期間を用意している／することができることをふまえるならば、ステップのとらえ方を、「つまずきの原因」から

「飛躍の契機」へと変容することができるのではないかと思うのである。そして、そうしたとらえ方の変容が、就学前後の教育に携わる人々に共有されるのであれば、幼児教育と小学校教育はその課程の編成原理が異なるからこそ、その前後で子どもの「成長」、「進歩」を実感することができるのだということ、お互いが異なるものであるからこそ、補完しあえるものでもあること、そうした理解に基づいた相互の歩み寄りを可能にするのではないだろうか。

　4月——真新しいランドセルを背負って、期待と不安の入り混じったあの独特な雰囲気のなか迎える季節は、「1年生」と彼らを取り巻く人々にとって文字通りあらたな生活のはじまりなのである。

（小野　奈生子）

〈引　用　文　献〉

阿部耕也, 1997,「会話における〈子ども〉の観察可能性について」『社会学評論』188, pp. 445-460.

Sacks, Harvey, 1972, "On the analyzability of stories by children," Gumperz & Hyme eds., *Directions in Sociolinguistics: The Ethnography of Communication*, Holt, Reinhart & Winston, pp. 325-345.

山本雄二, 1991,「学校教育という儀礼——登校拒否現象をてがかりに」『教育社会学研究』49, pp. 94-113.

CHAPTER 2
「児童になること」と挙手ルール

1. 小学1年生と挙手ルール

　挙手をして、指名を受けてから、発言する。教室ではおなじみのやりとりである。だが、それは学校だけでみられるわけではない。職場での会議など、人々が集まる場で頻繁に採用される発言の仕方である。とはいえ、発言の内容以上に、挙手の「タイミング」や「手の挙げ方」といった挙手にまつわるルール（これを「挙手ルール」と呼ぶことにしたい）それ自体が指導の対象となる場は、やはり「学校」であるだろう。とりわけ、小学1年生の入学当初の時期には、挙手ルールを明示的に学習する機会が設けられる。たとえば、「右手をぴーんと伸ばして肘を右耳の側に近づけて挙げます。この時、指をぴったりとくっつけて伸ばしてください。名前を呼ばれたら『はい』と言って起立して、椅子を机のなかにしまって『○○です』と答えてから着席しましょう」というようにである。そこで目指されているのは、学校特有ともいえるふるまいの「型」を習得することであり、そのための細かな「手続き」の習得である。

　おそらく多くの教師は、「挙手が多い児童は授業に積極的に参加し、授業内容も正しく理解している傾向にある」というように、授業への動機づけや理解度を測る手段として挙手をとらえているだろう。しかし、「授業」とは教授—学習過程のみならず学校的な社会化過程でもあるととらえれば、「挙手ルールを正しく実践できること」は社会化過程に属し、小学1年生という新規参入者が「児童になる」上で、一定の機能を果たしているのではないだろうか。本章ではその問を、教師がまさに挙手ルールを教授し児童が習得しようとしている、小学1年生の入学直後の授業場面をもとに検討していくことにしたい。

2. 挙手ルールを教える

　以下では、A小学校1年生の入学後4日目にしてはじめて行われた教科学習である国語の授業場面を取り上げる。教室には担任教師と補助教師が各1名と児童40名がおり、教科書（東京書籍「あたらしいこくご」（上）の「うれしいひ」）には「うれしいひ　おや　なにかな」という台詞が書かれ、熊の子どもたちが動物や植物を見ている絵が描かれている。

【場面1】挙手ルールを教える
＊凡例（場面1以降も共通である）
　「教師」は担任教師、「補助」は補助教師を指す。「児童」は学級内の複数の児童を指し、特定する場合のみ「児童A」等と表記する。（（　））は筆者による補足を指す。「▲」は挙手（1回）を示す。「▲」が複数並んでいるところ（「▲▲▲」など）は、多くの児童が次々と挙手している様子を指す。
　（なお、本章で掲載する場面はすべて同じ授業内で観察されたものであり、場面1から場面5は時系列に並べている。）

　教師が挿絵の「しっぽ」についてどの動物のものか学級全体に尋ねたところ、児童たちから口々に「猫」や「ねずみ」と声があがる。最初、教師はその声を拾うように「猫のしっぽなんだ」「あ、ねずみのしっぽもあるそうです」と応じていたが、児童たちから「猫、猫、ねずみ、猫とねずみ、ねずみ猫」と次々と発話し騒然としていくなかで次のように切り出す。

01教師　　：じゃあさ、ルールを決めよう　みんなで猫猫ねずみねずみ猫だよねずみだよー鳥だよーって言ってるとなんだかよくわかんなくなっちゃう　▲<u>お話ししたい時には、手を挙げてみましょうか</u>
02児童A　：あ、ねずみだねずみ
03補助　　：((Aに対して))ほら先生とのお約束よく聞いて
04児童　　：▲▲▲
05教師　　：▲お話したくなった時には、手を挙げてください
06児童B　：▲はい
07教師　　：<u>そしたら先生もだんだんお名前覚えてきたので―○○さん、指してくれるから。そしたらその人がお話してみてください</u>　そうするときっとごちゃごちゃごちゃーってなんか嵐みたいにならなくてすむと思うよ　はい今出てきたのは、猫

　　　　　　のしっぽが見つかりました　それからねずみのしっぽが気になった人もいたそ
　　　　　　うです　▲他に何か見つけた人はいますか？
08児童　　：▲はい▲▲▲▲▲はい、猫とねずみ
09教師　　：しー　はい、▲他に何か見つけた人はいますか？
10児童　　：((口々に))はいはいはい▲▲▲▲▲▲▲▲
11教師　　：はいはいらないよ▲黙って手を挙げてください

　児童が次々と発話し騒々しくなる様子に、教師は01でこの学級ではじめてみずから挙手を示しながら「挙手ルール」を提示するのである（01の下線部）。そして、そのルールを無視した02の児童Aにはすかさず03で補助教師が注意し、04では児童たちが挙手をする様子もみられる。さらに、07では「挙手をしたら指してくれて」、11では「黙って手を挙げる」というルールが補足されていく。

　マッコール（1978）によれば、教師は児童の挙手を通して、答を知りかつ答える意思のある人物を見出し、そのなかから「回答者」を選択することで、答えうる人物誰もが同時に答を述べあう状況を回避する。挙手を要請することは、混乱を収拾し可能なかぎり速やかに通常の状態へ修復する手続きの一端を成すのであり、そのことが授業に「秩序」をもたらす（Mchoul 1978, pp. 200-201）。教師の視点からすれば、「挙手→指名→発言」というやりとりの形式を児童に課し、授業秩序を生成させていく必要がある。

　とはいえ、挙手ルールが守られるためには、教師の実践だけでなく、「ルールに従う」という児童の実践もまた必要である。そこで次に、児童は挙手ルールに「どのように従っているのか」について、さらに検討を進めたい。

3. 挙手ルールに従う

　児童はどのようなタイミングで挙手し、手を降ろしている（これを「降手」と呼ぼう）のか。そこには一定の傾向性がある。それを分類したのが次の表である。

表2-1　児童の挙手と降手のタイミングの傾向性

児童の挙手のタイミング (挙手をRaiseからRと表記)	(R0) 教師が質問の前にみずから示す挙手と（ほぼ）同期 (R1) 教師による質問の開始から途中にかけて (R2) 児童による独自のタイミング
児童（指名されなかった）の 降手のタイミング (降手をDownからDと表記)	(D1) 他の児童が指名された時点 (D2) 児童による独自のタイミング

上記で多くの児童がもっとも頻繁に実践しているのが、R0とD1の組み合わせであり、たとえば以下のやりとりである。

【場面2〈挙手と降手のタイミング〉】
＊凡例：(【場面1】で提示したもの以外)［は発話や行為が同じタイミングで生じていることを示す。「▼」は降手（1回）を示す。「▼」が複数並んでいるところ（「▼▼▼▼」など）は、多くの児童が次々と降手している様子を指す。
01教師　　：はい、[▲他にどうですか
02児童　　：　　　　[▲▲▲▲
03教師　　：はいＣさん[どうぞ
04児童　　：　　　　　　[▼▼
05児童Ｃ　：猫のしっぽ

01の教師の挙手とほぼ同期するタイミングで02では複数の児童が挙手をしている（R0に該当する）。また、03の教師の「Ｃさん」という指名の発話がなされたタイミングで、04では指名されなかったＣ以外の児童たちはただちに降手する（D1に該当する）。

そしてR0（およびR1）とD1とは、教師の注意の対象とならない適切なタイミングとして、児童による「応答」に向けてその場のやりとりを円滑に進行させるものとなっている。一方、「児童による独自のタイミング」での挙手と降手（R2とD2）は、ほかの多くの児童と同期せずに1人あるいは一部の児童によって行われる。だがそのほとんどが、教師が回答者を指名する過程で、「挙げるべき時でないのに挙げている」あるいは「降ろすべき時をすぎても挙げ続けている」と見なされ、教師から「違反」として注意をされるのである。次の場面3をみてみよう。

3．挙手ルールに従う　　33

【場面3】教師に挙手を注意される

　場面2から継続して、教師の教科書の挿絵について「ほかにどうですか」の間に、児童Dが「蜂を見つけた」と発言する。

01児童D　：うーん　蜂みっけました
02教師　　：蜂みっけました　はちー？
03児童E　：▲
04教師　　：どこー？　みんな見つかった一蜂。((Eに向かって))ちょっと待っててね((挙手している手を降ろすように指示するジェスチャー))
05児童　　：((児童たちが口々に))いたよ、ここ、あった、はちはちはちはち、ここ、はちはちはちはち
06児童F　：▲
07教師　　：お隣の人、お隣の人と一緒に蜂がここだねって指さして確かめてみてください
08児童　　：((大半の児童が隣の席の人と教科書を見せあっているなか、Fは挙手を続けている))
09教師　　：ここ、お隣さんと見つかったかな((Fに向かって))手を挙げてるって人は見つけたってこと？
10児童　　：((Fの周囲にいる児童数名))▲▲▲
11教師　　：((右手を振りながら))先生まだ手を挙げてって言ってないよ
12児童　　：((Fを含め挙手していた児童))▼▼▼▼▼

　教師は、自分の話の途中で挙手をした児童Eに対しては04で「ちょっと待っててね」と告げ、自分の指示（07）とは異なって挙手をしている児童Fには09で「手を挙げてるって人は見つけたってこと？」と告げ、(むしろその09教師の発言が誤解の「呼び水」となって)挙手した10の児童たちに対しては、11で「先生まだ手を挙げてって言ってないよ」と明確に「注意」が向けられる。

　考えてみるならば、R0とは、教師自身があらかじめ挙手しながら質問をすることで、児童はそれに合わせて挙手することで教師と動作上の一致を図り、挙手の適切なタイミングを図ることが可能である。一方、場面3は前述したように、いずれも教師が求めるタイミングから外れ「不適切」と見なされている。しかし、多少詳細にEやFの「独自の」挙手のタイミングをみると、次のことがいえるように思う。児童Eの03の挙手は、たしかに教師が「蜂」を探している途中（02と04）での挙手ではあるが、教師の02の発話は終了し、次に誰かの指名に向かいうるタイミングでもあるように思う（もし04で教師が「蜂」を追求

しなかったとすれば、「じゃあEさんはどうですか」と指名される可能性もありえたのではないだろうか)。また、教師は、おそらくEの挙手をそれ以前の教師の質問「ほかにどうですか」に対するものとしてとらえたからこそ、「ちょっと待っててね」と降手を求めたように理解できる。もしこの時Eが「蜂はここだよ」と発言したかったとすれば、03のEの挙手は、04で「みんな見つかったーはち」という教師の発話の後で、「Eさん蜂はどこですか」と十分指名される可能性のある挙手でもある。

　一方、06でのFは、Eよりも明確に04の教師による「どこー？　みんな見つかったーはち」を受けており、「蜂探し」が行われるなかで「蜂が見つかった」という挙手なのだととらえられる。ここで【場面1】を思い出してほしい。学級が「猫、猫、ねずみ、ねずみ」という声であふれかえった時、教師は「挙手ルール」を導入し、「黙って手を挙げるよう」求めていたはずだ。Fは、このルールに従ったのだ。しかし、07の教師による「お隣の人と一緒に教科書で蜂を指差し確認せよ」という指示以降も挙手し続けたために注意の対象となった(09。降手のタイミングを外したゆえに不適切な挙手となった)。

　つまり、EやFの挙手は、教師によって注意の対象となる「不適切さ」を備えているのはたしかだが、EやFはこれまでの一連の授業内でのやりとりにおいてくり返されてきた「挙手─指名」の反復を予期し、教師の発話が完了し、次の指名に向けられる可能性のある地点をモニタリングして挙手をしているととらえられるのである。したがって、「独自のタイミング」とは、結果的に外したとしても「むやみやたらなタイミング」なのではない。

　ここから児童の挙手に関して、「可能なかぎり早いタイミングで挙手をしたい」という児童の「志向性」を見出すことができないか。それは、挙手が単に「手を挙げる」行為ではなく、その先にある発言権の獲得を目的として「指名される」ことへと向けられていることと関係している(実際、「挙手→指名」の何回かはもっとも早く挙手した児童が指名されている)、またD1に関しても、「挙手→指名」が学級内での発言権の委譲を意味し、自分が指名されなかったのであれば、教師が指名する同一ターン内では発言権が自分に与えられる可能性はほぼないということ(したがって速やかに降手し、次の挙手の適切なタイミングを

3．挙手ルールに従う

調整した方が良い）を示しているように思う。

　授業において「挙手→指名」というやりとりに参加する者にとって、挙手は「児童」というカテゴリーの担い手であれば誰もが可能であるのに対して、「指名」の権限は唯一「教師」のみに委ねられる。そこから見出されるのは、指名に向けて挙手と降手のタイミングを調整し、（結果的に「違反」とされたとしても）試行錯誤を重ね教師にアピールする児童の姿なのである。

4. 挙手ルールの「違反」の非構成とルールの再導入

　児童は挙手・降手のタイミングの適切性を欠くと「違反」として教師の注意が向けられ、挙手は継続できなくなる。しかし、教師は、ある児童の行為が挙手ルールを順守していないととらえうるような場合であっても、必ずしもすべてを「違反」として構成していくわけではない（それがある意味では、前述した児童の試行錯誤を引き出しているようにも思う）。たとえば、次の場面である。

【場面4 〈黙って手を挙げなくとも指名される〉】
01教師　　：はーいじゃあ蜂も見つかったそうです［▲他に何か見つかった人
02児童　　：　　　　　　　　　　　　　　　　　［▲▲はい、はい、はい、▲▲▲▲((児童Gも含む))
03教師　　：はい(.)えっと:::［Gさんどうぞ
04児童　　：　　　　　　　　［▼▼▼▼▼((G以外の児童はバラバラと手を降ろしていく))
05児童G　：てんとう虫をみつけました

　この場面では指名する児童を選択する時に、教師は【場面1】で示した「黙って手を挙げる」というルールを適用して注意してはいない。しかし、ほどなくしてそのルールは、明確に再指導されるのである。

【場面5】挙手ルールの再導入
　この場面の直前、「はいはいはい」と口々に言いながら挙手する児童たちに対して、教師は「しー。はいいったん手をおろします」と降手させ、学級全体を静かにさせてから01の発話をする。
01教師　　：今度はもういっこみんなに見つけてもらうよ
02児童H：はい！▲

03教師　：((Hを見て人さし指を口の前に立てわずかに首を左右にふる))
04児童H：▼
05教師　：手を挙げる時はい！▲　[って言いません
06児童H：　　　　　　　　　　　　　[はい▲((すぐに▼しながら))はー
07教師　：はいをつけて手を挙げるのは、朝のはい元気ですの時だけ　わかったー？　授業中みんなで▲はいはいはいって言ったらー発表する人の声が聞こえなくなっちゃうのでー　授業中手を挙げる時はだまーって手をあげてください　わかりましたか？
08児童　：はい、はい
09教師　：わかりましたかっていう時にははいって言ってね
10児童 I：はい▲、▼
11教師　：あらー？((Iに向かって手を振る))
12児童 I：((うなずく))
13教師　：はいじゃあ続けるよ　まだ出てない何かを▲見つけた人
14児童　：▲▲▲▲▲▲▲▲はい、はい((これらの児童のうち2名の児童のみが「はい」と言いながら挙手))
15教師　：あれ((その2名を見る))
16児童　：▼▼((その2名は手を降ろす))

　05教師の「手を挙げる時はい！って言いません」や07での「はいをつけて手を挙げるのは、朝のはい元気ですの時だけ。」というルールを再指導する発話の直接的な引き金となったのは児童Hによる02や06のふるまいである。したがって、このやりとりはH個人に対する挙手ルールの「指導機会」として行われているように見なせるかもしれないが、おそらくはこの場面直前のやりとり（教師は「はいはいはい」と口々に言いながら挙手する児童たちに降手させている）もまた、ルールの再指導に向けた「伏線」の一部を構成しているし、教室内で特定の個人に対する指導は、その場にいるすべての児童に向けられてもいる（だからこそ、10で「はい」と挙手した児童はすぐに手を降ろし、11の教師の「あらー？」の含意を12のうなずきで了解できる）。
　だがそれ以上に着目すべきことは、「いつどの時点で、どのような挙手ルールを導入し、どのように適用していくか」という、ルールを運用する基準を教師が「恣意的に」決定していくことが可能であるという点である。もちろん、

単に「恣意的」であるわけではない。たとえば、メハンは、授業において教師と生徒間でかわされる定型的な会話パターン（これをIRE系列という。詳細は5章を参照してほしい）は、児童が「前の議論と関連した話題を挿入」したり、「独創的な発言」を行ったりした場合などにくずれることがあるという（Mehan 1979, p. 159）。つまり、教師が授業における定型的なやりとりをくずし、即興的なやりとりの発生を許容する際には、教師なりのなんらかの基準なり事情なりが存在すると推測できる。

しかし、そのような基準や事情は児童にとって必ずしも容易に了解可能ではなく、さらに教師が挙手ルールの運用基準をそのつど児童に明らかにせず授業を進行することには重要な意味がある。児童からすれば、「なぜさっきは『はい』と言いながら挙手して良かったのに、今度はだめなのですか」などと質問することは難しい（まさに挙手―指名を経て発言せねばなるまい）。それどころか児童はおそらくそうした疑問さえもたなくなっていく。そして、この場面では、これ以降、挙手ルールに「違反」した者は、教師がそれに「気づいている」ことを示すだけで、「自発的な挙手の取り下げ」という「ルール」を実践していくのである（前述した児童Ⅰのやりとりや14から16をみてほしい）。

5. 「児童になること」と挙手ルール

(1) 挙手の機能

このように考えると、挙手はただ単に手を挙げて降ろすという実践ではない。「教師」の視点から見た場合、挙手は、マッコール（1978）の指摘にもあったように教師に応答の準備がある生徒の存在を知らせ「指名」を通して応答者を選択させる。挙手している複数の児童のなかで「誰を」指名するかという権限がもっぱら教師に委ねられていることによって、教師は挙手と指名を通して教室を統制することが可能となるのである。挙手ルールを学級内に浸透させることは、教師が統制機能を掌握し、授業をみずからが想定するような形で成立させていく上で重要な鍵となる。

一方、「児童」の視点から見た場合、挙手は次のような機能を有している。

挙手は、児童にとっては自身の発話を「私語」でも「独り言」でもない、教室という場で公的性格を備えた「発言」あるいは「発表」として構成する機能を有する。言い換えれば、挙手は、児童が「学級＝社会」へアクセスするためのチャンネルを開く。しかし、教師によって「適切性」を認められた挙手でなければチャンネルは開けない。指名の権限は「教師」の側にしかないのである。このことは、児童にとってはどれほど高く手を挙げてアピールし、指名されることをどれほど強く望んだとしても、挙手は「理不尽さ」を児童に強いるものでもあることを示している（時には、挙手をしている者がいる一方で、学級内から「漏れ出てきた」かのような、挙手を経ない児童たちの発言を教師が採用することもあるだろう）。それでも、結局は適切なやり方で挙手をするということが、チャンネルを開く最短の道であることを児童は教えられていく。すなわち、「挙手と指名」は児童にとっては「社会的」「公的」な場への参加を可能とすると同時に、それは承認を受けねばならないということを意味するのである。

　逆にいえば上記の点は、児童は、挙手を通してルールを作り出すのは自分ではないことを学ぶということでもある。挙手ルールには、本章の場面のなかで提示した以外にも、さまざまなバリエーションが存在しうるだろう。そのルールのなかでいずれを実際に運用するのかに関して、その基準は前述したように教師が「恣意的」に決定可能であって、児童はその時々の決定に「従う」ことが求められるのである。

　「手を挙げる」という動作への順応を必要とする挙手は、そのルールの習得を周囲に見やすい形で提示させ、学校特有の行為形式を児童に「しつけていく」。そのなかで、教師の発問に対して「挙手―指名」を経ないと発言できないということは、児童にとっては教師と自分という一対一の関係で常に向きあえるわけではなく、その他大勢の児童の一部として教師との関係を築いていくということである。すなわち、「挙手と指名」を通して児童はみずからが「児童」というカテゴリーを担う「40分の1」という「集団の一員」であること（でしかないこと）を教えられていくのである。児童は、「指名」に向けて挙手と降手のタイミングを調整し、指名によって自分が名前を呼ばれ選抜された「1」であろうと試みるのである。

挙手ルールは、一方で新規参入者たちに学級という「集団」の一員であることを徹底させ、他方で教師の指名という行為を通して「個」としてのみずからを創出させる。児童たちに、学級集団であると同時に個であることをも課すのが挙手ルールの果たす機能である。しかも、挙手ルールは「指名してほしい児童」の「自発性」に支えられ教師がその期待に応えるという外観をとることで、児童は「みずからルールに従う」という社会化過程へ組み込まれていく。

（2）ルールの浸透をめぐって

おそらく保育所や幼稚園でも、子どもたちはさまざまな挙手を経験している。たとえば、保育者が朝の会で「今日、元気いっぱいだよって人はぐー、すこし眠いよって人はちょきー、ちょっと元気じゃないよって人はぱー挙げてー」というように、挙手が園児を集団として把握し、園児の側も保育者とつながったという感覚をもつために用いられることもある。だが、就学以前にどのような挙手ルールが導入されていたかを参照することなく、教師は「自分の学級の挙手ルール」を課すことができる。挙手ルールは新規参入者が「児童になる」ための社会化過程を構成し、教師からすれば、挙手ルールを教えることが、その後日々続く授業を円滑に進行させ、学級を統制していくための第一歩である。

もし、自分が担任する学級にルールを浸透させたいと考えている教師から筆者がアドバイスを求められたとすれば、次のように伝えるように思う（この場合のルールとは、挙手ルールを想定しているが、教師が明示的に口頭で伝えるものであればそれ以外のルールにも該当するかもしれない）。まず、最初から完全なルールを児童に伝えるのはやめること。ルールの浸透は、教師と児童がそのつど調整しながら、その運用のあり方を作り出した結果、後に観察できる性質のものである（逆にいえば、最初からすべての児童を従わせることのできるような「完全なルール」など存在しない）。そして、ルールに関心を寄せる児童の調整という実践を引き出すには、教師が単に児童にルールを強制するのではなく、「挙手したい」「指名してほしい」というような期待をもたせ、児童みずからルールに従いたくなるようにすればよい。

だが、筆者が強調したいのは、このようなアドバイスではない。ルールはま

さにルールとして教師から明示的に伝達されるからこそ、それから逸脱した児童を可視化させ、児童に対して「ルール通りにふるまう」という抗いがたい力をもたらす。そもそも、教師によってもたらされるルールは、児童からすれば、ふるまいを規制する目的で突如導入される理不尽さを有するものなのだ。理不尽さはあってもルールによる規制は明確ななかで、児童は、どのようにふるまえばルールに従っていることになり、どのようにふるまえば違反と見なされ、さらにその違反を取り消すにはどのようにふるまえばよいか等々を学んでいく。児童は、こうした試行錯誤を伴う一連の複雑な実践に従事することになる。口頭で伝えられるルールに対して、ふるまいを順応させていく過程を経ることで、新規参入者は学級の一員である「児童」としてふるまえるようになる。

　したがって、ルールが学級にいまひとつ浸透しないと悩む教師は、学級としての未熟さを嘆く前に、まさにルールを教えられる状況で児童たちがみせるリアクション——児童はルールにどのように従おうとし、どのようにふるまいを変容させたのか、そしてそのルールが児童にとってどのような意味や機能を有しているのか等々——に着目してはどうだろう。児童を「観察」するという視点が教師には必要なのである。その観察の結果、児童のリアクションに応じて、（前述したような）教師と児童がルールの運用をそのつど調整していくという姿勢も生まれるだろう。だが、観察を通してもう1つ考えてほしいことがある。それは、あなたはルールを導入することによってどのような児童を創り出そうとしているのか、ということである。教師に従順な児童か、それとも自分で考える児童か。それらに応じて、ルールの意味もまた変わってくる。

（鶴田　真紀）

〈引用・参考文献〉

McHoul, Alexander, 1978, "The Organization of Turns at Formal Talk in the Classroom," *Language in Society*, Vol. 7, pp. 183-213.

Mehan, Hugh, 1979, *Learning Lessons: Social Organization in the Classroom*, Harvard University Press.

CHAPTER 3
becomingとしての子ども／beingとしての子ども

1. 子どもを反省的に見つめ直す

　子どもは成長をする。その事実に異論を挟む余地はない。しかし成長は、それだけで子どもの説明として十分なものなのだろうか。仮に子どもに関する私たちの説明が、成長へのまなざしによって何か損なわれるようなことがあるとするならば、そのことを反省的に見つめ直してみる必要があるだろう。その試みは、学校における教室のなかの子どもたち、すなわち、児童・生徒を理解する仕方を問い直すことにもつながる。本章は、大人に「なりつつある存在becoming」として子どもをとらえることから少し距離をとり、日々の生活のなかで私たちと一緒に「いまそこにいる存在being」としての子どもをとらえることの意義とその可能性について議論を行いたい。

2. 子どもをとらえるふたつの視点

（1）成長する子どもという物語

　私たちは、ふだんの生活のなかで折にふれ、子どもについて話をしたり説明したりしている。時に「なるほど」と膝を打つような子どもの話や、的を射るような説明に出会うこともしばしばである。歴史に名を連ねる著名な社会学者たちもまた、それぞれユニークな表現で子どもについての説明を行ってきた。

　たとえば、フランスの社会学者デュルケム（Émile Durkheim）は、子ども期に与えられている役割や目的は、「成長」にあると指摘する（Durkheim trans. 1979, p. 149）。つまり、「身体的にも道徳的にも、個人がいまだ存在していない期間であり、そしてそれが作り出され、発達し、形成される時期」（Durkheim 1911=1979, p. 149）が子ども期であるという。この年齢の人間は、能力がない

ため、不十分であるため、そこにまだ欠けているものがあるために成長をする。また、この年齢の人間は、十分な発達を遂げるまで、絶え間ない変更をくり返すような、変化のちからをもつために成長をするという。デュルケムは、成長の原理によって特徴づけられる子どもを「『なりつつある』者、はじまりの存在、形成の過程にある人間」（Durkheim trans. 1979, p. 150）という、大変ユニークな表現を用いて説明したのであった。

またアメリカの社会学者パーソンズ（Talcott Parsons）は、社会化過程の特徴、つまり個人が単にひとつの社会体系だけでなく、多くの社会体系に参加し、多面的な役割をもつようになっていく特徴に着目する際、子どもの誕生を池に投げ込まれた小石というたとえを使って説明をする（Parsons 訳書, 1981, p. 64）。パーソンズによれば、社会という池に投げ込まれた小石がもたらす効果は、最初落下点（生まれた場所）にとどまっているが、成長するにつれてその位置を変化させていくという。それは水面にしだいに広がっていく波紋のように、最初は母子関係や家族の位置から始まり、学校などの他の社会的諸制度へだんだんと波及し拡大していく。この時、子どもは「より狭い生活圏のなかで、十分な参加をなしとげるという一定の条件をみたすまでは、より広い生活圏に参加することはできない」（Parsons訳書, 1981, p. 64）とパーソンズは指摘している。

子どもに関するデュルケムとパーソンズの説明は、どちらもそれぞれがユニークで、多くの示唆に富み、私たちの理解を強く刺激する。しかしそのいっぽうで、両者の説明には、子どもに対する共通の理解の枠組みをみることができる。それは、子どもを「成長」という話の文脈のなかにおいて説明する点にある。デュルケムは、子ども期の役割や目的は、まさに「成長」にあると述べていたし、パーソンズも、子どもが成長するにつれて訪れる段階的な変化を、池に投げ込まれた小石がもたらす波紋を例にしながら説明を行っていた。

こうした研究者の説明の仕方が説得力をもっているのは、子どもを「成長」の過程にある存在としてみる見方が、私たちにとって非常になじみの深いものであることに関係している。子どもは大人に向かう変化の過程にあり、社会のさまざまなことがらに順応していく準備の段階にあるという説明は、私たちがふだん使用する、普通の常識的な知識に基づく子どもの理解のあり方である。

こうした普通の常識的な知識を共通の理解あるいは前提にして、研究者による子どもの説明は展開されている。

だがこれは、研究者の説明のみにみられる、特有の性格というわけでは決してない。ふだんの生活のなかで人々もまた、子どもについて説明したり話をしたりする際に、子どもが「成長」の過程にあるという知識を用いてさまざまな話を展開していることは、あらためて考えてみるまでもなく、簡単に想像することができるだろう。研究者か否かにかかわらず、子どもは日常の生活の多くの場面で、「成長の物語」の主人公として語られているのである。

（2）「なりつつある存在becoming」と「いまそこにいる存在being」

考えてみると、私たちはふだんの生活のなかで「子どもとは何か」などとあえて問うようなことはしていない。それは、私たちがみずからもまた過去に子どもであった経験を有しており、日々の生活のなかで子どもの姿を目にしたり、彼らとふれあったりする機会をもっているからであろう。そうした諸々の体験から、私たちは子どもに関するさまざまな知識を得ているし、それら普通の常識的な知識があれば、ふだんの生活を送る分にはひとまず困ることはない。「子どもとは何か」という疑問に完全に答えることはできないまでも、私たちはそれら普通の常識的な知識をもって、子どもたちとふだんの生活をともにすることはできるはずである。

その意味では、私たちは子どもについて、すでに多くのことを知っているともいえる。ところが、あらためて子どもについてことばで説明したり話したりすることを求められると、人は多くの場合に子どもを「成長の物語」の主人公として語ることになる。しかしこのように指摘したところで、「子どもはいずれ大人になる成長の過程にあるのだから、それは当然ではないか」と怪訝に思われるだけかもしれない。本章がここで問題としたいのは、人は「子ども」について多くのことを知っているはずであるにもかかわらず、「子ども」をことばで説明しようとした途端、日々の生活を送る子どもの多様な姿を捨象し、「成長の物語」によってのみ語ろうとしてしまう、「成長の物語」のもつ強い規範性である。

子どもはたしかに大人になりつつある存在であるといえる。しかしだからといって、子どもは日々の生活のすべてで「大人になりつつある存在」として過ごしているわけでは決してない。実際に私たち大人もまた、あまり意識をしていないだけで、ふだんの生活のなかではもっと多様な形で子どもたちと対峙しているはずである。むしろ子どもたちのすべてが「大人になりつつある存在」という枠組みだけでとらえられてしまうと、彼らが毎日の生活のなかで行っている、「成長の物語」とはかかわりをもたない、魅力あるさまざまな活動や営みは見過ごされてしまうことになるだろう。

　問題は、子どもが成長という変化の過程にあることが前提あるいは強調され、かれらの生活の言動のすべてが「成長」に関係するものと見なされる時、子どもはどうしても大人の教授の単なる受け皿として描かれてしまう点にある。そのような説明のまえでは、子どもがみずからの社会生活の構築や決定にいかに関わり、大人たちや仲間たちとともに社会生活をいかに生み出しているのかという関心や見方は、どうしても背景へ退いてしまう。

　子ども研究はこれまで、「成長の物語」による一面的な子どもの理解の仕方を批判的に議論してきた。そこでは、大人たちのあいだで「成長の物語」が想定あるいは前提とされる場合に、子どもは「なりつつある存在becoming」としてとらえられてしまうことが問題とされた（James and others 1998, p. 207）。「成長の物語」は、生活のなかで生じる子どものあらゆる局面を、成長に伴う変化や変容に関わる問題として説明する。しかし、そうした変化や変容の説明からは、子どもが大人たちや子ども同士の日々のかかわりのなかで実践的に行っていること、すなわち社会を構成するひとりの成員として「いまそこにいる存在being」である子どもが、周囲の人々といかなる活動を実践しているのかはみえてこない。

　子どもは、社会の成員のひとりとして、みずからの生活や経験の意味をとらえ、判断し、多くのことがらを社会に提示する。それらは確実に、私たちの社会生活の一部を構成する要素となる。子どもが「becoming」であることと「being」であることは、必ずしも別物として分けて考えるべき問題ではないが（Uprichard 2008）、しかしそれでも「being」としての子どもに着目し、彼らが

ふだんの生活のなかで周囲の人々とどのようにかかわりあいをもち、日常の生活世界を構成することにいかに貢献しているかを描くことは、「成長の物語」の説明とは別様の子どもの姿を明らかにするだろう。このような関心のもと、本章では「being」としての子どもの観察と分析によって、「成長の物語」とは異なる、子どもについてのオルタナティブな説明の可能性とその意義を明らかにしてみたいと思う。

3. みずからの経験を管理する子どもの実践

(1) 解釈を促す積極的なはたらきかけと抵抗

「being」としての子どもの姿を明らかにするにあたり、本章は保育園における子どもの生活の実際の様子を事例として取り上げてみたい。以下の事例は、2004年4月に、都内某保育園における参与観察とビデオ撮影によって得られた記録を、園児と保育士の会話のやりとりがわかるような形で文字に起こしたものである。対象となる園児は、4歳児クラスの子どもである。

【場面1】
　保育園の園庭にて、一斉保育として、園児らのかけっこが行われている。走り終えた園児らは、園庭の隅でまとまって座っている。かけっこを終えた園児らの輪のなかでひとり泣いている「R」のところに「保育士A」がやってくる。

```
01  R        wahhhhhh waaaaaaa
02  保育士A   どうしたの？　Rくん（（Rの前にしゃがむ））
03  R        （（保育士Aを見る））Rちゃん2番はやだー
04  保育士A   ん？　どうしたの？
05  R        1番じゃ（なきゃ）やだー　1番がよかったー
06  保育士A   あっ1番がよかったのね　また今度がんばりましょう　ねっ今度はがん
07           ばろう
08  R        wahhhhh waaaaaa やーだー　1番ー
```

① 「援助を与える主体」と「援助を受ける客体」の関係

　ここでのRと保育士Aの2人の課題は、Rが泣いている理由を明らかにする

第3章 becomingとしての子ども／beingとしての子ども

ことで問題の解決を図ることにあるといえるだろう。この場面でRは、みずからが泣いている理由を、保育士Aに対して説明する機会を2度、得ている。そのどちらもが、保育士Aからの呼びかけ・問いかけに対する応答という形をとっている。ここでのRを仮に「becoming」として説明するのであれば、彼は保育士Aに促されて、つまり保育士Aの援助を受けることで、みずからが泣いている理由をなんとか語ることができていると、とらえることになるのかもしれない。こうした説明は、説得力をもったものである。

しかしながら、そのように保育士Aを「援助を与える主体」として、またRを「援助を受ける客体」として固定的にとらえてしまうと、Rがこの場面で保育士Aに対して積極的に行っていることや主体的に語りかけていることを十分に読み解くことができない。みずからが泣いている理由を保育士Aとのやりとりを通じて明らかにしようとしている「being」としてのRは、どのような解釈や判断や提示を実践しているのか。このような視点から、Rと保育士Aのやりとりを眺めてみる必要がある。

②相手の解釈を促す発話の変更

ここでのRの説明には、少なくとも2つの特徴を認めることができる。まずRは、保育士Aから泣いている理由を直接的に問われるような具体的な明示がなくとも、「どうしたの？」という問いかけによってのみで、みずからが泣いている理由を保育士Aに対して伝えようとしている。この時、Rは感情的にただ泣きわめいているのではなく、保育士Aの「どうしたの？」という発話が自分に向けられた呼びかけ・問いかけであることを理解し、その発話の意図を受け止め、みずからが泣いている理由を提示するよう努めていることがわかる。

さらにもうひとつ、Rは、保育士Aからの1度目と2度目の質問に対して、それぞれ異なる応答を提示している。1度目の問いかけに対して、Rは「2番はやだー」と応答する。それに対して、保育士Aからは「ん？　どうしたの？」という問があらためて提示される。保育士Aによる、この「ん？」という発話は、先のRの応答が保育士Aの問いかけに対する回答として、（聞き取りが困難であったことも含めて）不十分な内容であったことを聞く者に伝える。Rは、この2度目の問いかけに対して、「1番じゃなきゃやだー　1番がよかったー」と回答の

3．みずからの経験を管理する子どもの実践　　47

内容を変更して、みずからが泣いている理由を保育士Aに伝えようとしている。

　これらの特徴からいえるのは、Rが泣いている理由を明らかにすることを課題としたこの場面は、「与える主体」と「受ける客体」とによって構成されていると単純に説明できるものでは決してないということである。Rは、保育士Aの発話の意図を読み取り、保育士Aの次の解釈を導くように、積極的に働きかけることによってこの場面に参与している。「being」としてのRは、会話を行う意志を有する者として保育士Aと対面しているのであり、みずからのことばやふるまいが解釈されるのをただ待つばかりでなく、出来事の推移や状況の判断を継続的に執り行う相互行為の参与者なのである。

③抵抗としての泣き

　「being」としてのRの主体的で能動的な活動は、この場面の最後の部分、保育士Aに対する「抵抗」と呼べるような泣き方にも認めることができる。このRの泣き方は、会話の構造からみて、それまでのかけっこの勝敗に関わる泣きとは異なる性質をもっている。保育士Aは、Rから示されたふたつの説明を受けて、「あっ　1番がよかったのね　また今度がんばりましょう」と述べている。この発言からは、「Rはかけっこで1番にならずに悔しくて泣いているのだ」という保育士Aの理解と、Rを共感的に受け止めようと試みられた励ましの対応をみることができる。

　しかしながら、Rは、この保育士Aの励ましに対して抵抗を示す。この場面最後のRによる泣きは、保育士Aが「Rは競走で1番にならなかった」と解釈したこと、ならびにそのことに対して保育士Aが選択した対応（励まし）に抵抗するように行われている。Rは、みずからが泣いている理由について、保育士Aによって解釈されるのをただ黙って待つのではなく、その解釈に変更を迫るような抵抗を働きかけるのである。

　このように、ここでのRは能力に乏しく、保育士Aから一方的に解釈され、現実を押しつけられる、受け身の存在では必ずしもないことがわかる。Rは、保育士Aとの会話のやりとりを織りなすなかで、みずからが泣いている理由について、保育士Aの解釈や理解を促すような、積極的な活動をさまざまに提示するばかりでなく、保育士Aの解釈に適切な抵抗をも行っているのである。

（2）「何が起こったのか」をめぐる子どもと大人の相互交渉

　Rが泣いている理由を明らかにすることを課題としたこの場面のやりとりは、保育士Aによる援助や対応のみを主要な要素として構成されているわけではなく、Rによるひとつひとつのはたらきかけや抵抗を、同じく重要な要素として含む形で、構成されている。この場面は、保育士AとRによる協働的なやりとりによって構成されているのであり、Rは保育士Aとの協働的なやりとりを志向する社会的な行為者として「いまそこにいるbeing」なのである。こうした「being」としてのRの関与は、「場面1」に続く、以下の場面においても観察可能である。

【場面2】
　保育士AはRをなだめ続けるが、Rは泣き続けている。そうするうちに、かけっこの終了を知らせる「保育士B」の笛が鳴り、食事の準備を始めるよう全体への声かけが行われる。他の園児らは教室へ向かうが、Rは泣き止まない。そこに保育士BがRのもとへやってくる。

01	R	wahhh　1番がー
02	保育士B	（（保育士Aに対して））　いい　いい　先に行ってください
03	R	1番がよかったー　（（教室へ戻ろうとする））
04	保育士B	何？（（Rの側にしゃがみ、彼を引き止める））
05	R	1番がよかった（（保育士Bをみる））
06	保育士B	1番がよかったから泣いているの？
07	R	（（うなずく））
08	保育士B	あ　そう（（顔を下に向け、Rの服の袖を直す））
09		（（間合い））
10	R	Sちゃん　2番って言った
11	保育士B	え？（（顔を上げる））
12	R	2番って言った
13	保育士B	本当は何番だったの？
14	R	Rちゃん　1番
15	保育士B	Rちゃん1番だったの？
16	R	（（うなずく））
17	保育士B	1番だったのに1番じゃないって言われたから泣いているの？

3．みずからの経験を管理する子どもの実践

18	R	((うなずく))
19	保育士B	じゃなくてもともと2番だったの？　どっち？
20		(1.0)
21	R	1番
22	保育士B	1番　じゃあ1番でいいんじゃない　そんなに泣かないでね　もうご飯だ
23		から　びっくりした　((Rの手をとって、立ち上がる))　はい行こう

　Rは保育士Bからの問いかけに対して、「1番がよかった」と述べている。これは、先の【場面1】で保育士Aに対して行った説明と同じものである。しかしその後、保育士Aと保育士Bのあいだで、それぞれ異なるやりとりが展開される。

　先に確認した通り、「1番がよかった」というRの発話の後、保育士Aからは「励まし」が提示された。しかし保育士Bから提示されたのは、「1番がよかったから泣いているの？」というRの発話の内容の確認と、「あ　そう」という会話の終了を知らせる発話である。先の保育士Aの「励まし」に対してRは抵抗したが、この保育士Bによる会話の終了の予告に対してRは抵抗ではなく、みずからの涙に関する新しい説明を行っている（10行目）。そこでは、Rが友人によって2番と言われてしまったことに対するクレイムが提示されるのである。

　保育士Bは、「え？」という発話とともにRの顔を見上げるが、これは保育士Bの驚きを表明するとともに、Rに次の発話を促す呼びかけ・問いかけとなっている。これを機に、Rはみずからの身に何があったのかを、保育士Bとのやりとりにおいて明らかにしていく。Rは、みずからの身に起こった出来事について説明し、相手の確認を促し、ひとつの結論を導く相互交渉を保育士Bとのあいだで展開することで問題の解決に至るのであった。

　このように、Rは保育士Aと保育士Bに対して、それぞれ方法は異なるものの、みずからが泣いている理由について相手の解釈や理解を促したり抵抗したりすることにより、事実の確定に大きく貢献していることがわかる。ふり返ってみると、保育士AがRに「今度頑張りましょう」と語りかけたのも、Rから「1番がよかった」という発話を受けたからであった。保育士Aは、この発話を資源に「Rはかけっこで1番にならずに、悔しくて泣いている」という解釈

のもとRを励ましていた。Rが、この保育士Aの「励まし」に抵抗を示したのは、仮に保育士Aの提示する「今度頑張ること」を受け入れた場合、「Rが1番にならなかったこと」をみずからもまた認めることになるからである。Rは、保育士Aの「励まし」に抵抗することで、「Rが1番にならなかったこと」という事実の確定に対しても抵抗していたのである。

4. 子どもと大人の「文化接触」

　しかしここで確認しておかなければならないことがある。Rは、保育士Aとの会話において、自分がかけっこで1番にならなかったとは、一度として「直接」語ってはいなかった。保育士Aは、保育園におけるかけっこという文脈、Rの泣き、「1番がよかった」というRの発話、これらの意味の連関のなかで「子どもが泣くに値する出来事」として「競走で1番にならなかったこと」を推論しているものと考えられる。

　一方で、保育士Bとの会話において、Rはみずからの身に起こった出来事を「直接」説明する機会を得ている。保育士Bに対しても「1番がよかった」と一度は主張するものの、「Rが1番にならなかったこと」という事実の確定もあいまいなままに、会話が終了しようとした。このタイミングで、Rは、友人に2番と言われたことを問題にする発話を提示したのであった。これは、Rが保育士に対して、みずからの身に何が起こったのかをはじめて「直接」語る発話となっている。

　Rの「1番がよかった」と「Sちゃん　2番って言った」はどちらも、みずからが泣いている理由を保育士に対して説明する発話ではある。しかし、この場面の会話の特性からみて、このふたつの発話は、それぞれ異なる機能を果たしているように思われる。実のところ、私たちは誰かが泣いている理由を特定しようとする際には、その人の身に何が起こったのかを確認する作業を自然と行っている。したがって、泣いている人物に対して「どうしたの？」と尋ねる場合にも、「何があったのか」に関する回答が得られることを想定しているように思われる。こうした文化的な背景のもとで、Rの「1番がよかった」とい

う発話もまた、「Rは1番にならなかった」という事実に関する説明に変換されて聞かれてしまったのではないだろうか。

しかしながら、「どうしたの？」という発話によって涙の理由を問われていると受け取ったR自身はまず、みずからが泣いている理由を、今の自分の気持ちを素直に述べることで伝えようとしていたのかもしれない。私は今「2番じゃやだ」「1番じゃなきゃやだ」「1番がよかった」というつらい気持ちにある、だから私は泣いているのだ、という具合に。Rに何が起こったのかが直接問として明示されていないこの場面では、みずからの今の気持ちを説明することも、涙の理由を説明するひとつの仕方であるだろう。

一方で、「Sちゃん　2番って言った」は、「何があったのか」を直接説明する言明となっている。先に述べた通り、この説明は、Rの身に何があったかの事実の確定を通じて、Rが泣いている理由を明らかにしていくきっかけとなった。Rにとって、この保育士Bとの会話は、涙の理由の説明を行う際、みずからの身に起こった出来事を（その真偽はどうあれ）明らかにすることで問題解決につながった、ひとつの経験となっている。

私たちは、こうしたRの経験を、やはりR自身の成長の一場面として説明したくなる。たとえばRは、みずからが泣いている場合には、自分の気持ちを伝えるのではなく、自身に何が起こったのかを明らかにすることで問題解決につながることを、この保育士たちとの会話から学んでいる、というように。しかし、ここで歩みを止めて考えてみたい。泣いている理由を述べる場面で、何が起こったのかを明らかにすることが正解で、自分の気持ちを伝えることが棄却されるべき言明だとどうしていえるのか。自分の気持ちを伝える説明が、何が起こったのかの説明に、どうして回収されてしまうのか。

このような問と向きあうことで、この場面のRの活動については、「成長の物語」とは異なる、別様の説明の可能性がみえてくる。涙の理由を尋ねられた時には、何が起こったのかをきちんと説明できることが「正統な文化」であるような状況で、Rは今の気持ちを相手に伝えるというみずからの説明の仕方を棄却し、「正統な文化」の住人である大人に理解可能な仕方で説明することを強いられている。したがって、Rが最初に用いた説明の方法は、保育士らに認

第3章　becomingとしての子ども／beingとしての子ども

知されることがなかった。それでもRは、「正統な文化」の住人の理解に合わせた説明の仕方を次に試みることにより、相手とのコミュニケーションを図り、問題解決を成し遂げることに成功した。ここでのRは、「正統な文化」に応じたコミュニケーションを強いられるような状況のなかで、みずからの経験をみずからのちからで管理する課題に取り組んでいたといえるのである。

　こうした視点は、文化の違いから生じる衝突や葛藤を問題にする際の、異文化理解の説明に似ている。マシュー・スパイアー（Matthew Speier）は、大人と子どもの日常の会話ややりとりを「文化接触」という比喩を用いて表現した。とくに文化の関係における「植民地支配」の問題として、大人と子どもの関係をみることで、有効な視点を獲得することができるとスパイアーは指摘する（Speier 1976, p. 99）。ひとつは、異なるふたつの文化が日常的に接触しているような社会状況を想定することができること、さらには、ひとつの文化がもうひとつの文化の営為を管理する立場にあるような社会状況を想定することができることである。

　「成長の物語」では、大人への到達がひとつの正解として用意されており、それが「正統な文化」として措定されている。そして子どもは、その「正統な文化」にどれだけ近づけているか、なじめているかが測られる存在と見なされる。しかしながら、子どもは「正統な文化」を強いられる状況のなかでも、大人に抵抗したり交渉したりと、実際にさまざまな試みを行うことで、みずからの経験を築き上げている。実際、保育士たちと交渉に臨むこの場面のRの活動からは、「成長の物語」の説明ではとらえきることのできない、数々の姿が明らかとなった。子どもと大人の会話では、「正統な文化」を中心として、多様なかけ引きが展開される。私たちは、子どもと大人の会話に観察されるこうした特徴に、もっと関心を払っていく必要があるだろう。

5. 子どもの「成長の物語」を越えて

(1) 子どもを「becoming」としてとらえることの陥穽

　本章は、子どもを「成長の物語」として語る説明は、誤った子どもの理解に

基づいているなどと言いたいわけではない。だが、そのいっぽうで、「成長の物語」のなかの子どもは、ほとんどの場合、大人と比べて本質的に不完全で、能力がなく、未熟で、何かが欠如した状態の存在として語られることにも注意を向けなければならない。

この物語のなかで、子どもは社会の状況に順応する仕方を学ぶ者、大人になるための訓練を受ける者、常に何かを獲得し続けている者として登場する。もちろん、子どもにそのような側面があることは否定できない。しかし、それは子どもを語る説明の仕方のひとつであって、子どものすべてがいつもそうした「成長の物語」によって説明されなければならないわけでは必ずしもない。むしろ、それらの説明は、「正統な文化」をめぐる子どもと大人の生活の成り立ちや関係性を覆い隠すことにもなる。ところが私たちは、子どもについて何かを説明する際に、あるいは子どもの言動をみる際に、この「成長の物語」に準拠してとらえることに、ずいぶんと慣らされてしまっている。

先述の通り、「成長の物語」のなかの子どもは、何かが欠如した状態にあり、外部から何かを与えられて変化の途上にある存在として位置づけられて説明される。しかし子どもを説明する仕方は、こうしたかたちのみにとどめる必要はない。このような説明の仕方とは別に、子どもは自分自身の活動をどのように管理し、まわりの大人たちや仲間たちとどのように接触しながら、みずからの生活や経験を生み出しているのかを明らかにする説明が可能である。このようにして子どもの説明の幅を広げていくことは、社会に生起する「子ども」という現象ならびに彼らの生活世界が、どのような条件のもとでどのように存立可能かという、私たちの社会のしくみの一部を解き明かすことにつながるであろう。

「成長の物語」において、子どもは大人社会を最終目標にした変化の過程におり、大人に「なりつつある存在becoming」としてとらえられる。それに対して、さまざまな制約を受けながらも、子どもがみずからの生活や経験を生み出していくため、大人たちや仲間たちとともに「いまそこにいる存在being」であることに目を向ける視点は、子どもに対する理解の幅を大きく広げることになる。子どもは、みずからの生活や経験のすべてを常に外から与えられてい

るのではない。子どもは、社会構造や社会的過程における単なるパッシヴな（受動的な、受身的な）対象ではなく、社会的な行為者として、多様な生活や経験を生きるアクティヴな（能動的な、活動的な）存在なのである（Prout and James 1990）。

（2）学校場面における「becoming」としての／「being」としての児童・生徒

　最後に、こうした子どもに対する理解が、学校における児童・生徒に対する理解にどのような意味をもたらすのかについて考えてみたい。そもそも教育という営み自体が、人間の上昇的な変化（＝「成長」）を想定して行われる活動であるため、学校における児童・生徒の理解や説明は、どうしても「成長の物語」を用いる傾向が強くなる。しかしながら、児童・生徒を「なりつつある存在becoming」としてとらえる見方は、かれらの学校での経験を固定的な見方にとどめてしまいかねない。教育という営みが「教える─学ぶ」の非対称的な関係性を基本としているとしても、その非対称的な関係性が教師のみならず、児童・生徒らのどのような実践によって産出され維持されるのかと問うてみることは、教師がふだんの教育実践を反省的にふり返る際の大切な考察となるだろう。

　たとえば、「なりつつある存在becoming」としての児童・生徒は、教室のなかで「成長すること」「次に進むこと」を規範的に要請されている。それは、教師によって要請されるのみならず、児童・生徒自身も教室のなかでは、みずからを学び成長し続ける存在として提示していかなければならないという意味で規範的である。児童・生徒は、みずからが「まだ十分な能力をもち合わせていないこと」「到達していないこと」「興味や関心をもっていること」などを、教室での教師とのやりとりのなかで逐次示す「努力」を強いられる。そうした児童・生徒の「努力」に支えられて、教室での日々の教育実践は達成されていることを思い起こしてほしい。

　子どもが「児童・生徒でいることbeing」は、ただ教室という空間に身を置くだけで実現するものではなく、教室のなかで彼らの行う多くの実践の積み重

ねにより、具体的に目に見えるものとなっている。児童・生徒として「いまそこにいる being」子どもたちのどのような実践が、日々の教育の活動を支え、教師と児童・生徒の関係を作り出すのかという関心は、教育に携わる者が自身の活動を見つめ直す際の、ひとつの重要な視点となる。保育園での生活で、Rが保育士たちと協働的にみずからの経験や環境を管理し維持していたことを思い出しながら、学校における児童・生徒の実践について、さまざまに考えを巡らせてみてほしい。

(高橋　靖幸)

〈引用文献〉

Durkheim, Émile, 1911, "Enfance," Ferdinand Buisson dir., Nouveau dictionnaire de pédagogie et d'instruction primaire, Paris: Hachette, 552-553. (=1979, H. L. Sutcliffe trans., "childhood," W. S. F. Pickering eds., Durkheim: Essays on Morals and Education, Routledge & Kegan Paul, pp. 149-154).

James, Allison, Chris Jenks and Alan Prout, 1998, Theorizing Childhood, Polity Press.

Parsons, Talcott and Robert F. Bales, 1955, Family: socialization and Interaction Process, The Free Press. (=1981, 橋爪貞雄・溝口謙三・高木正太郎・武藤孝典・山村賢明訳、『家族：核家族と子どもの社会化』黎明書房).

Prout, Alan & Allison James, 1990, "A New Paradigm for the Sociology of Childhood? Provenance, Promise and Problems," Allison James and Alan Prout eds., *Constructing and Reconstructing Childhood: Contemporary Issues in the Sociological Study of Childhood*, Falmer Press, pp. 7-33.

Speier, Matthew, 1976, "The Child as Conversationalist: Some Culture Contact Features of Conversational Interactions between Adults and Children," Martyn Hammersley & Peter Woods eds., *The Process of Schooling*, Routledge and Kegan Paul, pp. 98-102.

Uprichard, Emma, 2008, "Children as 'Being and Becomings': Children, Childhood and Temporality," *Children and Society*, vol. 22, pp. 303-313.

CHAPTER 4
幼小連携における教育臨床社会学の有効性

1. 教育実践に対する臨床的なアプローチ

　教師の教育実践と教育社会学が向きあう時、大きく2つのアプローチがある。1つは、ここまでの各章で示されたように、教師の子どもへのかかわりがどのような性質のものか、それを教育的な指導として成立させるためにどのような秩序が生み出されているのかを社会学の視点から分析し、その特徴を明らかにするものである。もう1つは、そうした研究の成果をふまえつつ、実践上の諸課題に対処するために、教師との対話を通じて実践をふり返りながら改善していこうとするものである。

　前者のアプローチは、分析を通じて対象の理解を深めようとするもので、さまざまな社会科学で共有されている科学的な研究姿勢である。これに対して、後者のアプローチは臨床的なアプローチと呼ばれるものであり、教育社会学では教育臨床社会学とか学校臨床社会学と名づけられてきた。それは分析から得られた知見をふまえつつ、現場が抱える諸課題への対応や指導の改善に積極的に関与していこうとすることで、教育現場に対する教育社会学の有効性を見出そうとする試みである（酒井 2014）。

　教育社会学や教育学において「臨床」という言葉が冠される際、研究者に求められているのは教育現場に立ちあおうとする姿勢である。研究者と実践者が関わることで、その場固有の意味世界を理解しながら問題の意味がとらえ直されていく。そして、その先に、「その場を支えている物語を異化し、新しい意味や筋立てを再構築していくこと」（酒井 2014, p. 35）が目指される。

　本章では、小学生になる過程で生じている諸課題に対応するための幼小連携の取り組みに焦点を当て、その実践に対する教育臨床社会学の有効性について検討する。前章までの各章で指摘されてきたように、小学生になる・するとい

う過程には、さまざまな隠されたルールがあり、子どもたちにそのルールの習得が求められている。前章までの分析は、自明とされていて気づかれにくいこうした事象を、自覚的にとらえるようにわれわれを仕向けてくれた。つまり、小学生になるという過程がどのような過程であるかをより深く理解するための知見や手がかりをわれわれに与えてくれたのである。

　他方、現場では、小学生になる過程で多くの子どもが困難を経験していると指摘されている。小学校に入学した子どもは、前章までで示されたような特有の行為様式を求められるが、それができずにいる子どもも存在する。こうした問題は、2000年前後から小1プロブレムと呼ばれるようになり、小学校教師からは教室の秩序が成立しないとか、指示が通らないなどということで問題視されてきた（酒井 2011, 酒井・横井 2011）。近年では、こうした問題のいくつかは本人の発達障害による問題として、医療的な観点から理解され、支援員が教室に配置されている学校もある。そしてこうした問題に対応するために、幼児期の教育と小学校の連携が求められている。その取り組みは、幼小連携と呼ばれたり、保育所・幼稚園と小学校との連携という意味で保幼小連携と呼ばれている。

　本章では、小学生になる・することに関する前章までの社会学的分析をふまえた上で、研究者はこうした現場の問題に向きあって、どのようにそこに関わりうるのかについて検討する。それはより具体的には、分析的な視点から得られる知見をふまえた上で実際に実践に関わることにより、関係者が抱いている物語を相対化し、新しい意味や筋立てを作り上げていくこととなる。なお、そこには研究者もまた同時に自己の見方や立場に反省が求められ、変容していく契機も潜んでいる。このように、実践の担当者と研究者が相互に関与することで、双方がともに変容していく様子をここでは描いていく。そのことにより、幼小連携における教育臨床社会学の有効性を示そうと試みる。研究者と実践者がどのように協働して「社会学的に教育実践を創る」ことができるのか、その1つのケースを提示したい。

2. 小学生になる・する過程をふり返る

　最初に小学生になる・することに関するここまでの各章の指摘を、幼児期の教育から小学校への移行という観点から整理しておきたい。第1章の分析からわかるのは、幼稚園や保育所では「園児」であった子どもたちが、小学校に入学すると「小学生」というカテゴリーを担わされることである。著者の小野が述べているように、この新しいカテゴリーを担わされた子どもは、「それまでとは異なる仕方での経験の組織化が求められるようになる」。第1章で注目されていることの1つとして、小学生としてカテゴリー化された子どもたちは、「ひらがなを書く」際に、正しい書き方ができるかどうかが問われるようになることがある。就学前も遊びのなかで「ひらがなを書く」ことがあるが、小学校では、それとは異なる仕方でその行為の遂行が期待されるようになる。

　第2章では、小学生になるということは、それまでとは異なるルールが支配する小社会に身を置くことであると指摘されている。小学校の授業においては、子どもたちは教師に対して挙手し、教師から指名を受けてはじめて発言することができる。発話は厳しく管理されるのである。教師は、このルールを児童に課して、授業秩序を生成しようとし、児童もこのルールに沿って行動する。同章の著者である鶴田が言うように、このようなルールが課せられることは、「児童にとっては教師と自分という一対一の関係で常に向きあえるわけではなく、その他大勢の児童の一部として教師との関係を築いていく」ことにもなる。さらに第3章で高橋は、学校では、「なりつつある存在 becoming」として、「大人と比べて本質的に不完全で、能力がなく、未熟で、何かが欠如した状態の存在として語られる」と指摘している。つまり、小学校に入学したばかりの1年生は、就学前に数年間の教育経験があるにもかかわらず、未熟で不完全な欠如した状態にある存在だと見なされるのである。

　ここまでの各章の指摘によれば、子どもたちは小学校に入学した時点から小学生になるべく方法的社会化（Durkeim 訳書, 1982）を受ける。いわゆる学校的社会化と呼ばれる過程をたどっていくのである。ただし、その過程の前段には就学前教育における方法的社会化の過程がある。つまり小学生になるとは、

幼児期の教育を通じてなされた社会化過程に続いて、あらためて新たな社会化を受けるという意味で再社会化の過程であると言える。冒頭で紹介した小１プロブレムの要因の１つは、幼児期の教育でなされる方法的社会化と小学校教育での方法的社会化の相違にあるものと予想される。つまり、それは再社会化過程における困難としてとらえることができるのである。換言すれば、それは幼児期の教育と小学校教育との不連続性が生じさせた制度的な困難であると言える。したがって、そこで生じている困難への対応は、この不連続性にどう対処すればいいかという課題として浮上してくるのである。

3. 幼稚園教員と小学校教員の対話を重視した協働的アクションリサーチ

　教育臨床社会学は、こうした社会学的な分析や検討をふまえつつ現場に立ちあう。なお、幼小連携の実践の現場では、小学校教員と幼稚園教員や保育所保育士が協働して課題に取り組む活動になる。したがって、この現場において研究者は、小学生になるということが再社会化の過程であり、幼児期の教育と小学校教育には上記にあげたようなさまざまな違いがあることをふまえつつ、これらの実践者の話し合いや取り組みに参加することとなる。

　具体的に取り上げるのは、幼小連携という課題が注目され始めた時期（2002年）の記録である。この時、ある大学の附属幼稚園と附属小学校のそれぞれの教員と大学側のスタッフにより構成された「接続期カリキュラム部会」が設置された。この部会では、幼児期の教育と小学校教育の違いを見直し、５歳児の後半から１年生の入学当初までの子どもに対する指導の連携を強化して、「滑らかな接続」を達成することが目指された。

　このなかで相互の教員は、幼小の接続とは何を接続させることか、カリキュラムを編成する場合に配慮すべき点は何か等について話し合った。当時は幼小連携の必要性が指摘され始めたばかりの時期で、その取り組みがどのようなものなのかを具体的にイメージできずにいた。それだけに、それぞれの指導観やカリキュラムなど、ごく基本的な課題について話し合うことができた。

以下ではその過程における3つのエピソードについて報告する。1つは、実践に取り組む際のねらいの設定の仕方に関する話し合いである。小学校の指導案では、その時間の具体的な達成目標がねらいとして設定されるが、幼稚園での保育で設定されるねらいは、むしろもう少し抽象的な教師の思いや願いが表現される。そうした違いに気づいて両者がどのように活動のねらいを設定しようとするのかを確認した場面である。2つ目は、ビデオカンファレンスにおいて、幼稚園教員と小学校教員が子どもの関わり方の違いに気づいていく過程についてである。この節では、ビデオ収録により活動を客観視できるようにすることで、自分の実践を反省的にとらえ直させるという方法論の提案も併せて紹介する。3つ目は幼児教育から小学校教育への移行の時期の指導をどのように構想するかに関する話し合いである。研究者はカリキュラムの定義をあらためて確認することにより、話し合いの方向を明確化することに貢献した。

　なお、この時の研究者の実践へのかかわりの方法論として採用されたのが、対話（conversation）を重視したフェルドマン（Feldman 1999）による協働的アクションリサーチである。氏によれば、対話とは、それによる「意味を創造する」過程を通じ、ノウハウのような知識の共有と、理解の深まりを達成するという、探究のための方法論である。それは、単なる言葉のやりとり（interchenge）や、談話（discourse）、話し合い（talk）以上のもので、次の5つの特徴があると指摘されている。──（1）2者ないし3者以上のあいだで起きる、（2）協力的（cooperative）な営為である、（3）会話に方向性（direction）がある、（4）会話から、新たな理解（understanding）が生まれる（5）会話は時間に支配されない。

　われわれは、このフェルドマンの提唱するアクションリサーチの考え方に基づいて、幼稚園教員と小学校教員の対話を基盤とし、それを通じた気づきや理解の深まりに期待した。以下で描くのは、担当者が幼児期の教育と小学校教育の指導観や子ども観の違いに気づき、その違いを乗り越えて、新たな実践を対話を通じて構想していく取り組みの一端である。この対話の過程と、そこに研究者がどのように関わったのかを示していく。

4. 子どもへの思いやねがいを共有する

　2節でみたように、小学生になる・する過程とは、それまでの経験を再組織化する過程であり、幼児教育とは大きな隔たりがある。このため、幼児教育と小学校教育の担当者間では言葉も異なることが多い。教育社会学の研究者が両者のあいだに入ってできることは、両者の言葉がどのように違うのかを整理し、彼らの指導観・保育観をすり合わせていくことである。

　たとえば、7月の協議会で幼稚園教員と小学校教員とのあいだで露わになったのは、活動のねらいの設定の仕方の違いである。小学校教員はその時点での子どもの実態に応じて、具体的な指導目標を設定しようとするが、幼稚園教員が活動に際して設定するねらいは、それほど具体的な達成課題というものではなく、「この時期の子どもたちにはこういうものを育てていきたい」という、子どもに対する思いやねがいに近いものであった。

　この時の協議会では、後者のような思いやねがいとして活動のねらいを定めようとする幼稚園のＸ先生が、小学校教員に対して、接続期のカリキュラムを構想する上で、「子どもたちに育てていきたいもの」は何かという問いかけを行った。これに対して、小学校のＡ先生は以下に示した通り、はじめは小学校におけるねらいの定義に照らして、この時の活動においては「きちんとしたねらい」がもてていないことや「1年間の見通し」をもとうとするが、それがうまくいくとは限らないと語っていた。

　　　きちんとねらいがあって4月にスタートしているかどうかというと、必ずしもそうではない。子どもの様子によってまた変わってくるかもしれないし、……1年間の見通しが……あったとしても、必ずしもその通り1年間いくとは限らない……。

　だが、やりとりを続けていくなかで、幼稚園のＸ先生が小学校のＡ先生に対して、再度、「それまでの子どもの育ちを見ていて、そこで何かこういうものを入れていかなくちゃいけないなと思われたところがあるわけですよね」と尋ねていくことにより、Ａ先生は、カリキュラム構成にあたっての自身の思いとして「大まかなものだけはある」と述べた上で、次のように答えた。

【場面】 7月17日の話し合い

X先生（幼）：それまでの子どもたちの育ちを見ていて、そこで何かこういうものを入れていかなくちゃいけないなと思われたところがあるわけですよね。

A先生（小）：そういう、大まかなものだけはあるわけです。（中略）

X先生（幼）：カリキュラムをつくっていく上で先生の思いが出てくると、こういう活動を組んでいったことが外にもわかっていくじゃないですか。

A先生（小）：僕の場所だ、私の場所だとか。……そこにいても苦痛ではないという状態で入っていくということを考えたいよね。……それをつくるためにグループを作るとか……意図的に出会わせるということはありますよ。……外から来る子の大変さは……（附属幼稚園から進学してくる子どもと）ちょっと違うところがあるのかな。苦痛でなくなったら、今度は……学校っていい所だなと思わせたくなりますよね。そのためには何を用意したらいいのか。活動の経験があるから、それなりにイメージを、一人ひとりちがっているにしてもなんとなくこういうふうにすればいいという見通しがあると子どもたちは安心しますよね。

X先生（幼）：子どもたちの様子を見ながらいろいろなことを考えて、……幼稚園から新しい環境に入った人たちが、新しい状況のなかでみる安定してできるような流れはつくっているわけですよね。それが幼稚園とつながるようにここでカリキュラムということを……

　小学校のA先生は子どもたちに育てたいことは「そこにいても苦痛ではないという状態で（授業あるいは教室に）入っていくということ」だと述べた。そして、それを受けて、その協議会に参加していた幼稚園教員と小学校教員は、あらためて「接続期で大切にしたいもの」を確認していった。

　まず、話題にあがったのが「自分の身のまわりのこと」に関することであった。これに対して、小学校教員は、「整ってないと、不安定になる。自分のものがないとか。そのために自分の置き場所や、そういう約束事を（決めておく）」と述べた。幼稚園教員はこれに呼応して、「これはどういうふうに使って、どこに置いてあるのかわかっていく。それがわからない所（小学校）へ行って、まだやり方がわからない、どこに何があるかわからない、どう扱っていいかわからないという状況の子たちはいっぱいいますよね。……そういうことがわからないから不安定になってしまう」と発言した。

　こうして、この会議を通じて、幼稚園教員と小学校教員は、子どもたちが幼

4．子どもへの思いやねがいを共有する

稚園から小学校への移行において安定してすごせるように約束事を決めておけるようにしたいということを、カリキュラム編成におけるねらいとして共有することができるようになっていった。そして、それが接続期カリキュラムの編成における基本方針となり、その後その方針に沿ってカリキュラムが検討されていくこととなった。

5. 授業カンファレンスによる気づき

　第1章で述べられているように、小学生は、幼児期の教育での園児に対する期待とは「異なる仕方での経験の組織化が求められるようになる」。このことを、それぞれの教員に気づいてもらうためにはどのようにしたらいいか。そのための1つの手だてとして企画されたのが、ビデオ収録による授業カンファレンスである。

　授業カンファレンスは、稲垣（1986）が提案したもので、授業などの実践をビデオで収録し、あとでそれを見ながら参加者がその実践での子どもの様子など気づいたことを話し合ったり、指導法についてお互いに聞きあうことで理解を深めていく研修の手法である。また、トビン等は日中米の幼稚園教育を比較するために、それぞれの園での保育の様子をビデオで録画し、それぞれの国の教師にそれを見てもらってコメントしてもらうことで、おのおのの幼児教育観の違いを明示させようと試みた（Tobin et. al. 1989）。

　これらの方法論に着想を得て、大学側の研究者スタッフは、幼小連携のための子ども同士の交流活動をビデオに撮って、それを幼稚園教員と小学校教員で観ながら話し合うという企画を提案した。研究者の役割は、この企画の提案とビデオの収録、当日の議論の進行役であった。筆者は実践者に対して助言するのではなく、実践を通じて気づいたことを参加者同士が対話し、理解を深めていくことを促すために話し合いを進行する役割を担った。

　以下で紹介するのは、7月に小学校の校庭にある小さなプールで行われた水遊びの交流活動の記録ビデオを題材として、その後の夏休みに行われたカンファレンスの記録である。その日、1年生は自分の作ったおもちゃを小学校の小

プールに浮かべる活動が予定されていた。全体の半分が小プールで遊び、残りの半分は教室で水遊びのための工作をして待つことになっていた。

　カンファレンスでは、教室での活動とプールでの活動の録画を、幼稚園教員5名と小学校教員6名、それと大学側のメンバー3名で見ながら、気づいたことについて話し合った。各シーンを見ながら発せられるそれぞれの教師のコメントから、両者の指導観を浮かび上がらせて、幼児教育と小学校教育への接続のための資料とすることが目指されていた。

　そしてこのなかで、幼稚園教員と小学校教員の指導観の違いが露わになったシーンの1つが、幼稚園児に対する幼稚園教員の関わり方であった。小学校の小プールに入るために、幼稚園教員は幼稚園児が身に着けているエプロンを一人ひとり外している様子が映し出されていた。このシーンで、小学校のB先生は幼稚園児がエプロンをしていることに注目し、「小学校からみると、自分でやれないものは着ていちゃいけない。保育者はたいへんではないか」と幼稚園教員に質問した。これに対し、幼稚園のY先生は「そこでかかわりができるので大切なこと」だと答えた。そして、これに対して、小学校側からは、エプロンを後ろで結ぶことなど「たとえば20人やっていたら給食の準備が滞る」（B先生）といったコメントが示されたり、「『先生やって』に個別対応して全体が見えなくなってしまうことはないのか？」（A先生）という問いかけが出された。この話し合いを通じて、幼稚園の教師と小学校の教師の双方は、子どもの一人ひとりに目を向けるという点では共通しているものの、とらえる視点が異なっていることに参加者が相互に気づいたのであった。

　この取り組みにおいて、研究者は、実践のビデオを録画しそれを会議で提示することにより、実践者と研究者の共同研究を可能にする媒介手段を提供することとなった。また、話し合いを進め、それをとりまとめて論点を整理していく役割を担うこととなった。

6. カリキュラムの定義の吟味

　2学期になると接続期カリキュラムの具体的な内容について話し合いを始め

た。筆者自身がその過程から学び、教員と確認したことは、幼稚園と小学校のカリキュラムのとらえ方の違いである。小学校教員は話し合いのなかで、カリキュラムについて次のように説明した。

> 小学校でカリキュラムといった時には年間指導計画的な、つまり内容だとか活動が具体的に書かれている計画表ですね。……幼稚園と小学校で（協働して）どうして（カリキュラムが）作りづらいかというと、一つはやはりめあてとか活動の内容ということ、学習の内容とか具体的な活動というのは、小学校の場合は目標とかねらいとかというのがあって、そして内容とか活動が先にある。

これに対して幼稚園教員の考えるカリキュラムとは、総体としての子どもの生活がまずあり、その生活をどう教育的に編成するかという視点から、子どもへの教師のかかわり、ものや他者、諸活動への出会わせ方、環境の設計の仕方を構想するものであった。幼稚園のA先生は、評価について以下のように説明した。

> 評価観も違うじゃないですか、幼稚園と小学校では。評価のポイントとして、やはりねらいは非常に必要だし、活動していく時に、小学校の場合は。幼稚園の場合の評価というのは、どっちかというと、子どもの育ちにとってこの環境の設定がよかったのだろうかとか、わりと保育者の方に返ってくる

こう述べた上で、この幼稚園教員は、「それを同じにする必要は全然ないんじゃないかなと思うんです。」と述べた。そして、こうした話し合いを経るなかで、筆者ら研究者は、カリキュラムの概念をどのように定義するべきかを考えた。カリキュラムという語には「それに沿って学びが進行すべき計画」と「学習者の学びの経験の総体」の2つの意味あいが含まれており（山崎 2000）、前者を狭義のカリキュラム、後者を広義のカリキュラムと呼ぶこともある。この時の話し合いにおいて、筆者らがカリキュラムの定義として採用しようとしたのは後者の考え方であった。小学校では狭義のカリキュラムの定義が用いられることが多いのに対して、幼稚園のカリキュラムは、後者に近い。ここにおいて、研究者サイドから、両者が連携する上では広義のカリキュラムの定義を

採用する方がいいのではないかという提案がなされ、学習過程のなかでの子どもの経験の総体をとらえ、それをできるだけ教育的に意義あるものに編成しようとする方針に沿って検討することとなった。

話し合いを経て、部会の教員とのあいだで共通に理解したことは、幼稚園のステージ表を基盤として、小学校側はそれにつなげる形で小学1年から2年にかけてのステージ表を作成してみようということであった。その一方で、交流活動についても、交流における子どもの出会わせ方の工夫や、自然で日常的な交流にしていくための手だてなどが話し合われた。さらには、子どもへの教員の関わり方を幼と小でどうつなげるのか、環境構成という部分で幼を意識した小の教室空間設計はできないかなどについて話し合いが進んでいった。

7. 社会学的に教育実践を創るためにできること

本章では、幼小連携が話題になり始めた頃の実践に、教育社会学の研究者が参加して幼稚園や小学校の教員と関わるなかで、気づきが生じたり、それに基づいて実践が変わっていく様子を描いた。研究者がこの協働的アクションリサーチにおいて果たした役割は、指導観の異なる幼稚園教員と小学校教員との対話を促し、彼らの言葉を拾って整理したり、鍵となるカリキュラムの概念の定義において社会学的な知見を援用するなどして、その取り組みを支援したことにある。また、実践を客観視するためのビデオ録画に基づくカンファレンスの提案など、相互理解を深めるための方法論についても提案を行った。さらに、その過程で研究者自身も幼稚園と小学校の指導観の違いやカリキュラムのとらえ方の違いに気づき、連携していく上での具体的な方針をつかむことができるようになっていった。

本書のサブタイトルである、「社会学的に教育実践を創るため」の1つの営みは、ここで示したように、実践を観察しあうことから相互の気づきを生み出したり、対話を通じてそれぞれの指導観をふり返り、どのようにして協働しうるかを模索していくことではないだろうか。

もちろんそうした取り組みは、各教科の授業実践においても可能であろうし、

あるいは生徒指導においても可能であろう。社会学的な研究知の産出とともに、実践を観察して分析したり、概念の定義を整理したりする研究者の基本的な分析手法は、実践をふり返り、そこから新しい実践を編み出していく上で多くの貢献をなすと思われる。その意味で、臨床的なアプローチによる、教育社会学とそれを担う研究者の実践への関与が果たしうる可能性はきわめて高いと思われるのである。

(酒井　朗)

(注)　本稿の3節から6節までの内容の一部は、ある研究プロジェクトの報告書で著者らが用いたデータやその分析の内容（酒井ほか2004）を、本論稿の趣旨に沿って全面的に改編したものである。

〈引用文献〉

Durkheim, Émile, 1922, Éducation et sociologie, Presses universitaires de France.（= 1982, 佐々木交賢訳『教育と社会学』誠信書房).

Feldman, Allan, 1999, "The role of conversation in collaborative action research," *Educational Action Research*, 7(1), pp. 125-147.

稲垣忠彦, 1986,『授業を変えるために――カンファレンスのすすめ』国土社.

酒井朗, 2011,「保幼小連携における相互理解とカリキュラム開発」『幼稚園じほう』39(9), 12-18.

酒井朗, 2014,『教育臨床社会学の可能性』勁草書房.

酒井朗・藤江康彦・小高さほみ・金田裕子, 2004,「幼小連携におけるカリキュラムの開発に関するアクションリサーチ」お茶の水女子大学21世紀COEプログラム『誕生から死までの人間発達科学』/2004年/「家庭・学校・地域における発達危機の診断と臨床支援」pp. 51-70.

酒井朗・横井紘子, 2011,『保幼小連携の原理と実践：移行期の子どもへの支援』ミネルヴァ書房.

Tobin J. J., David Y. H. Wu, & Dana H. Davidson, 1989, *Preschool in Three Cultures: Japan, China and the United States*, Yale University Press.

山崎雄介, 2000,「戦後日本のカリキュラムの『探求の履歴』」グループ・ディダクティカ『学びのためのカリキュラム論』勁草書房, pp. 1-21.

第2部　授業を研究する　各章ガイド

　授業を研究する方法は多様である。学校教師は、みずからの授業を同僚教師とふり返る研究や、授業の教材研究をイメージするかもしれない。それらは教師がみずからの実践を改善するために行われる。一方、本書が依拠する教育社会学は、一般化可能な知見を見出す学術研究の観点から、授業の性質を明らかにしてきた。観察する授業の「数」を集めて共通する性質を抽出するような研究方法ではない。ある授業が成立しているならばそれ自体どのような方法に基づいているのかを、録画データに基づいて一つひとつ詳細に解明する方法を採用している。授業の参与者が用いる方法に着目する研究方法である。

　学校授業は教師と生徒との会話によって展開される。その会話の方法は「IRE」（教師の導入－生徒の応答－教師の評価）と呼ばれ研究されてきた。第5章はこの授業会話の解説から始まる（第5章1．は第6・7章の基礎でもある）。

　おそらく教師はみな「面白い」授業を目指すように思うが、どうすれば面白くなるか。授業の内容が大切だと答えることもできるが、方法はどうか。第5章の筆者は「学ぶことに夢中になる経験」をもたらす授業会話の方法、IREの「Type M」をある研究論文で詳細に分析し、この問いに対するひとつの解答を示している（第5章では一部が紹介されるがWebで全文参照可能）。児童生徒の学びに焦点を当てて授業の面白さを探る視点はこの論文ですでに示されていたが、小学校教員となった筆者は本書でさらにそれを展開させる。

　「主体的・対話的で深い学び」は新学習指導要領のキーワードだが、以前からとくに小学校ではグループで学びあう活動が行われてきた。ここには大きな課題がある。教師が児童全員に話し児童がみなに発表する授業形態であれば、教師が授業会話を調整する仕方はイメージしやすい。だが、会話を児童同士で進めるグループ活動の場合はどうか。児童に「お任せ」か。教師は、何をどのような方法で行うことができるのか。第5章はこの問いに答えようとする。

　授業会話が日常会話と決定的に異なるのは、自分（教師）が知っていることを相手（生徒）にわざわざ質問し、さらに評価する点にある。駅前で時間を尋ね、答えてくれたら「正解」と言えるだろうか。時計の読み方に関する授業ならば言える。授業会話はそうした変わったことを行っているのであるが、そのことにわれわれはなかなか気づけない。

他にも気づけないことがある。たいていの学校授業は教師が40人くらいを相手に話す（一斉教授）。また、次の時限にもまだ授業はあるのに、「続きはまた明日」などと時間割によって時限を区切る。当たり前だと思われるかもしれないが、問題はその先である。教師が話しかける40人は、みなきちんと話を聞き、内容が理解できるだろうか。それを確かめるためにテストを行うのだともいえるが、毎時間テストするわけにはいかない。IREはこの問題をクリアしようとする会話形式であるといえそうだが、同じ話題について40人それぞれに話しかけて個々の理解を確認することはできそうにない。では、この問題をクリアするために、教師はどのような方法を用いて授業するのか。第6章は、「学級的事実」の構築という視点からこの問いに答えようとする。
　ところで、教師は新任時から指導方法を確立しているわけではない。では、教師が授業の方法を磨き上げる方法とはどのようなものか。もちろん日々の実践を試行錯誤するのであろう。また、校内の研究授業を活用するかもしれない。それでも越えられない壁にどう立ち向かえるか。第7章は、小学校教師が教育社会学者と協働して授業改善を目指した臨床研究の記録である。「授業への焦点化」という課題に焦点を当て、どのような時にそれが達成され、どのような時に達成されないのかを、授業の録画をもとにディスカッションしたのである。一般的ではないかもしれないが、学術研究と教師のコラボレーションが教育実践に寄与するあり方とはたとえばどのようなものか。第7章は、教師と児童が用いる方法を協働して検討するという方法で、この問いに答えようとする。学校教師がみずからの実践を研究するひとつのかたちをお届けするわけである。
　なお、第2部は第5章から順に読み進めてもよいが、教師にとって難易度の高い課題（第5章）から、一斉授業を組織するすべての教師にとっての課題（第6章）、そして新任教員の課題（7章）へと、課題難易度の点では降りていく構成となっている。変則的に、まず第5章の1．を読んだ後、第7章→第6章→第5章2．以降へと読み進めるのでもよいだろう。

（間山広朗）

CHAPTER 5
「主体的・対話的で深い学び」の観察可能性

1. 授業場面における教育実践の分析視点

(1) 教育現場のニーズから

　教育の目標や方向性が示される学習指導要領の改訂は約10年ごとに行われる。筆者が大学で研究していた2000年前後はゆとり教育全盛の時代であったし、公立小学校の教員になった2007年頃は、ゆとりから学力重視へと急転回し始めた時期であった。そして今は、主体的・対話的で深い学びの実現に向けた授業づくりが学校現場の大きなトピックとなっている。私は現在、教育委員会の指導主事という立場にあるが、市内の多くの学校が主体的・対話的で深い学びと関連づけた校内研修のテーマを掲げており、その実現に向けた授業づくりに関する指導助言の依頼を受けることもしばしばである。

　ある研修会の指導助言後、教師から「必要性はわかったから、実際にどうすればいいのか見せて。いつでも子ども貸すよ」と揶揄されたことがある。あらたな教育の方向性を頭で理解できたとしても、それを実際の授業で実現できるかどうかには、また別のハードルがあり、それを超えられなければ教育改革は進まない、という指摘である。

　そこで本章では、子どもと向きあう授業のなかで改革を実践する（せざるをえない）最前線の教師のニーズを念頭に置き、主体的・対話的で深い学びの実現が目指されている授業の映像を研究素材とし、そこで教師や児童生徒が「実際に行っていること」を会話分析的な手法により読み解くことで、その実現に向けた着眼を得ることを目的とする。

(2) IRE連鎖

　はじめに会話分析の手法を用いた授業分析の今や古典といってよい、メハン

(H.Mehan)による「IRE連鎖」の分析を参照し、授業場面の会話を研究素材として扱う足がかりを得よう。

〈会話1〉
(a)　A： 何時ですか？　　(b)　A： 何時ですか？
　　 B： 2時半です　　　　　 B： 2時半です
　　 A： よくできました　　　 A： ありがとう

　この2つの会話のどちらが授業場面の会話か容易に識別できると思う。(a)は授業場面、(b)は日常場面の会話である（読者への任意課題：必ず冗談が通じる相手に、日常場面で(a)をやってみよ。日常の当たり前と思われている前提が崩れ落ちる瞬間を見ることができるかもしれない）。
　メハン（1979, 1985）の主要な課題は、授業（lesson）を構成する特有の発話連鎖を発見することであり、それを「IRE」という相互行為連鎖として特定した。すなわち、「教師の導入（Initiation）、生徒の応答（Reply）、教師の評価（Evaluation）」という連鎖組織である。
　メハンはこれら文脈を異にする（a）と（b）のデータを比較することで、日常場面とは区別可能な、教育場面に特有の連鎖組織の存在を指摘する。この2つの会話には、第3ターン（発話の順番）で「評価」（よくできました）が来るか「謝辞」（ありがとう）が来るかの違いしかない。しかし、評価か謝辞かの違いによって、(a)における質問と応答の関係は「Aは自分が知っていることをBに質問している」と見なすことができるのに対して、(b)における質問と応答の関係は「Aは自分が知らないことをBに質問している」と見なすことができる。(a)の質問者はあらかじめ答えがわかっているのであるから、ここでは応答者の知識が「テストされている」「確認されている」等の行為が行われていると考えられる。そして「教師は生徒が知らないことを知っている」という知識格差と、教師は生徒の行うことを判断するという職務上の理由によって、教育場面にIRE連鎖は偏在することになる（Mehan, 1985, pp. 126-127）。

(3) 拡張連鎖

　以上がIRE連鎖の簡略な例であるが、これはあくまでも連続する3つのパートから成る「3部IRE連鎖」の話である。メハンにはもう1つ「拡張連鎖（extended sequence）」の分析がある。次の会話は、メハンがあげている拡張連鎖の一例である（Mehan, 1979, pp. 59-60）。Tは教師、Sは生徒を表す。

〈会話2〉
```
01  T  : Ok, what's the name of this story?
02  S  : ((no response))
03  T  : Who remembers, what's the name, what's the story about?
04  S  : ((no response))
05  T  : Is it about taking a bath?
06  S  : No. ((many S))
07  T  : Is it about the sunshine?
08  S  : No. ((many S))
09  T  : Edward, what's it about?
10  Ed : The map.
11  T  : The map. That's right, this says "the map."
```

　教師の導入（01）に対する適切な生徒の応答（10）が出てくるまでやりとりが拡張され、それが出てはじめて教師による肯定的な評価（11）が出現し、ひとつのIRE連鎖が完了する。メハンによれば、拡張の要因は生徒による「応答の不在」「誤答」「不十分な応答」などにあり、この時教師は「応答の促進（prompting replies）」「誘導の反復（repeating elicitations）」等のさまざまな戦略を使って適切な応答（正解）を誘い出そうとする（Mehan, 1979, pp. 54-65）。
　ところで、このような3部IREと拡張IREの違いに目を向けることは重要である。3部IREで、適切なRが即座に応答されたとすれば、それは知らなかったことが問われたというよりもむしろ、すでに知っている知識が問われた可能性が高いと考えられる。これに対して、拡張IREで、適切なRが即座に応答されないとすれば、それは知らなかったことが問われた可能性が高いと考えられ

1．授業場面における教育実践の分析視点　　73

る。そして、前者はすでに知っている知識の「テスト」「確認」「復習」などの教育的な行為を構成しうる実践タイプとして理解できるが、後者は知らない知識の「探索」「発見」などの教育的な行為を構成しうる実践タイプとして理解できるかもしれない。拡張IREは、メハンが見なしているように「戦略」を駆使して通常の状態（3部IRE）に戻されるべきものというよりも、その連鎖構造を通じてしかできない教育的に意味のある何かがわざわざ遂行されているようにも見えるのである。このことを念頭に次の会話を見てほしい。

（4）Type M

次の会話は、テレビ番組から採集した小学3年生の授業場面の一部である。編集でカットされているために質問と正解はわからないが、その分われわれも正解の探索を追体験できるかもしれない。黒板には海と書かれた紙が貼ってある。

なお、以降で扱う会話データのなかの記号、[は発話の重なりを、：：：は長音を、h は笑いを、（数字）は沈黙の秒数を、（空白）は聞き取り不能な発話を、（文字）は聞き取りが不確かな発話を、（（文字））は筆者による注釈を表している。

〈会話3〉「心の闇をふき飛ばせ　キーワードは群れ遊び」NHK教育2004年12月18日放送より

```
01  T   ： さあ：：：ダイヤのような色をするときもあります
02  S1  ： あっわかった
03  T   ： え：：と：：：：S2くん
04  S2  ： 空　　（（他にも画面に映る14人中9人の児童が手を挙げていた））
05  T   ： 空を考えた：：　あっ S2くんすごいね：：（　　　）に入りきらないもの
06      ： として君は空を考えたのか：：S3くん
07  S3  ： 風　　（（他にも画面に映る11人中7人の児童が手を挙げていた））
08  T   ： 風：：風と大の仲良しです　大の仲良し S4さん
09  S4  ： 雲　　（（他にも画面に映る5人中1人が手を挙げていた））
10  T   ： 雲：：雲とも仲良しですS4さんすてきだね：：
```

この場面の最たる特徴は、「S2くんすごいね：：」(05)、「S4さんすてきだね：：」(10)など、「誤答の積極的な評価」という奇妙とも思われる現象である。というのは、メハンによれば、積極的な評価（positive evaluation）が現れるのは、ＩとＲの対称性が成立した後、すなわち適切なＲが生起した後であるというのがIRE連鎖の成立要件であるからだ。そうであれば、この場面で教師は「正解だから」という理由とは別のなんらかの評価点を見出していると考えられる。たとえばそれは、「（　）に入りきらないもの」というヒントから、「空」という解答候補を児童が自分で「考えた」ことを、「あっ」と驚き、「すごい」と評価していることから（05, 06）、児童の主体的な思考力や想像力に対して評価が与えられていることが観察できる（ところで、正解は「波」か？）。
　この場面で生徒たちは、自力で正解を予想し、間違え、ヒントを参照し、考え直し、別の候補を立てる、等の試行錯誤を経験しており、教師はそれを積極的に評価しているのであり、その結果として「誤答の積極的な評価」という特徴が現れている。大辻（2006）では、このような教育実践を「Type M」として分析しているので詳細については参照されたい。また、会話分析の入門書としては串田・平本・林（2017）を参照されたい。

2. 主体的・対話的で深い学びの観察可能性

　今、手元に3枚組のDVDがある。これは2016年3月に国立教育政策研究所により作成され、全国の教育委員会に配付された「小学校国語科映像指導資料〜言語活動の充実を図った『読むこと』の授業づくり〜」と題した資料であり、小学1年生から6年生まで2つずつ、合わせて12の国語科の授業場面が収録されている。以下では、この映像指導資料に収録された授業場面の分析を通して、教師や児童が「実際に行っていること」を詳しくとらえてみたい。

(1)「疑問―予想―妥当」連鎖
　〈会話4〉小学3年生　単元目標「食べ物の秘密を本で調べて家の人に報告しよう」
　本授業では教科書の「すがたをかえる大豆」という説明文のほか、食品に関するさまざ

まな資料が教材として扱われている。また、本授業は学校図書館で行われており、児童は多くの資料にアクセスしやすい環境にある。次の会話は食品について調べたことを3人グループで交流する場面である。

01　S1：茶色や::黄色や::(0.5)黒い醤油が::ある
02　S2：へ::::
03　S3：魚醤にもあったんだけど::[::魚醤もオレンジ色とか？　オレンジの魚醤とか::[::
04　S1：　　　　　　　　　　　　　[うん　　　　　　　　　　　　　　　　　　　　[うん
05　S3：茶色とかがあるんだって
06　S1：どうして色が変わるんだろうね
07　S2：なんか::[:::その使ってる材料
08　S3：　　　　[きっとその材料って[感じだよね
09　S1：　　　　　　　　　　　　　　[ああ〜材料ね:::
10　S2：材料によってちょっと違うかもね
11　S1：調べるの（が多いな）
12　S3：じゃちょっと調べて(1.0)ぼくもちょっと確認したいことがある
　　　　　　((S2とS3が立ち上がり書棚へ向かう))

　この会話にはIREによく似た連鎖構造が現れている。「どうして色が変わるんだろうね」(06)がIを、「なんか::::その使っている材料」(07)「きっとその材料って感じだよね」(08)がRを、「ああ〜材料ね」(09)がEを構成しているように見えるのである。「導入―応答―評価」というIRE連鎖を、この会話に沿ってもう少し詳しく特定すれば、「疑問の提示(06)―疑問を解決するための予想の提示(07, 08)―予想の妥当性に対する評価(09)」という連鎖組織がここでは構成されているようにみえる。
　ただし、すでに述べたように、IRE連鎖では「導入―応答―評価」という連鎖を「教師―児童―教師」という発話者が担っていたが、この場面では、「児童―児童―児童」という発話者が担っている。また、3部IREでも、拡張IREでも、問うている知識について教師は一貫して「知っている者」であったが、どうやらこの会話では、参与するすべての児童が「よくわからない者」という知識状態を示し、その知識格差も少ないようである。つまり、S1は「どうして色が変わるんだろうね」と自分ではよくわからない疑問を投げかけ、S2とS3は「なんか……」「……って感じ」という発話形式をもちいて応答すること

により「正解」というよりは「予想」を提示しており、S1はその予想の「妥当性」を「ああ〜材料ね」と認めている。

　このような「疑問─予想─妥当」の連鎖を通して児童がこの場面で行っていることは、先に３部IREで見たような教師の主導による知識のテストや確認という教育実践とは異なり、調べ学習の成果を伝えあう過程で、児童が新たな疑問に気づいてそれを共有し（06）、その疑問を解決するための予想を出しあいつつ（07, 08）、その妥当性が評価され（09）、そしてその予想を確かめるための新たな調べ学習という次の活動へとつなげることで（11, 12）、疑問の解決が目指される学習実践であることが観察できる。

（２）妥当解の認定「ああ〜」

〈会話５〉小学４年生　単元目標「『車の色は空の色』シリーズの不思議を解き明かそう」
　ある日、タクシードライバーの松井さんは不思議な女の子の客を乗せる。もしかしたら女の子は松井さんが助けた蝶ではないか？　この授業では不思議を解き明かす証拠の文を探索する課題へと展開する。次の会話はペアで不思議の解き明かしを交流している場面である。
01　S1：だから::::おかっぱのかわいい女の子に化けて［:::で:::
02　S2：　　　　　　　　　　　　　　　　　　　　　［で　でそこに座ってたってこと？
03　S1：そこに座って:::住んでるところまで［::::連れてってもらったってゆうことにな＝
04　S2：　　　　　　　　　　　　　　　　　［ああ〜
05　S1：＝るんじゃない？
06　S2：じゃ::松井さんに（1.0）ちょうちょは（0.5）なんてゆうの（0.5）ずいぶん松井さんが助けて
07　　　：いるみたいな感［じ？
08　S1：　　　　　　　　［そうそうそうそう松井さんが助けたから::::（2.0）おかっぱのかわ
09　　　：いい女の子になれて:::（1.0）元にもどれた
10　S2：だからここでこうゆう声が聞こえたのは::助けたから聞こえた
11　S1：ああ〜〜

　場面は変わるが、この会話には、先の会話に見た「ああ〜」が２回現れている。通常、このような「ああ〜」は、「なるほど」や「たしかに」が後に続くのがよく似合い、「知らなかったことやわからなかったことに気づかされ、その妥当性をみとめた時に現れる反応」であるように思われる。また、「知らな

かったことを教えてもらったこと、そしてその妥当性が高いことを表明すること」から、「ああ～」は肯定的な評価となりうる。

この会話全体でS1とS2が行っている不思議の解き明かしをつなげると、蝶が「①女の子に化ける」→「②タクシーの後部座席に座る」→「③住んでいたところへ連れて行ってもらう」→「④松井さんに声が聞こえる」となる。

1つ目のS2による「ああ～」の出現は、③の謎解きをS1が提示した時であり、2つ目のS1による「ああ～」の出現は、④の謎解きをS2が提示した時である。いずれの「ああ～」も、自分では解けなかった謎について、相手の解答予想の妥当性を認めあっているように見える。

さらに、「……ってこと？」(02)、「……じゃない？」(05)、「……みたいな感じ？」(07)という疑問形の文末表現から、「……元にもどれた」(09)、「……助けたから聞こえた」(10)という断定的な文末表現への変化は、2人で予想を出しあい、謎解きをつなげあいながら、しだいに謎の解明が進んだことを示しているように見える。

このような会話の特徴から、この場面に見られる主体的・対話的で深い学びは、互いにわからなかったことに気づき、気づかせあう関係を構築しながら、1人では到達できなかったレベルの謎解きに、2人で協力しながら到達し、予想から確信へと不思議の解き明かしの妥当性を共同で高めていく様子のなかに観察できる。

（3）児童によるIREの管理

〈会話6〉小学5年生　単元目標「伝記を読んで自分の生き方を考えよう」
この授業で扱われている教材は、村人を津波から守るための堤防建設に尽力した浜口儀兵衛の伝記である。次の会話はグループでの話し合い活動が行われている場面である。

```
01  S1：ええっと僕の疑問が::儀兵衛にはなぜそんな::専門家でもないのに堤防を作る
02      ような知識があるのかってゆうのと:::（（あと2つの疑問が挙げられるが省略））
03      ということが疑問に思いました
04  S2：じゃあ::最初のなぜそんな知識があるのかってゆうのから話し合います（0.5）はい
05      いいですか？
06  S3：はい
```

```
07  S2： じゃあ えっとそれについて：：：何か意見がある人はいますか：：？
08  S1： なん［か：： こうなんじゃないかとか
09  S3：     ［うう：：ん
10  S2： はいhhh （（意見を求めた者が手を挙げ答えようとするおかしさへの笑いに聞こえる））
11  S3： どうぞ：： （（S2に手を差し伸ばすしぐさ））
12  S2： ええと：：教科書160ページの：：
13      （3.0）
14  S1： うん？  何ページ？
15  S2： 教科書160ページの：：え：：と８行目（1.0）に儀兵衛はよく遊びよく学ぶ子ども時
16      代を過ごすって書いてあったので：：えっとその：：いろんな勉強をした時にそうい
17      うことも知恵として身についたでのは［ないかなあと思います
18  S3：                           ［ああ〜〜
19  S1： たしかに
```

　この会話の参与者はすべて児童であるが、やはりIRE連鎖によく似た形式的特徴が現れている。すなわち、「儀兵衛にはなぜ専門家でもないのに堤防を作る知識があるのか」（疑問の提示）、「子ども時代にいろんな勉強をした時に知恵として身についたのではないか」（予想の提示）、「ああ〜」「たしかに」（妥当性の評価）という連鎖構造が確認できるだろう。

　ただし、この提示された疑問の解明はそのまま会話として流れていくのではなく、いったんS2が引き取り（「じゃあ最初のなぜそんな知識があるのかってゆうのから」）、仕切り直して（「話し合います はいいいですか？」）、すべての参与者に意見を公募している（「何か意見がある人いますか？」）。特徴的なのは、07行目で意見を求めたS2が、10行目でみずから手を挙げ応答しようとしていることである。仮にこれが教師のふるまいであったならば相当に不自然であるが、この会話ではその不自然さをみずから認めつつ（10行目のわずかな笑い）、ほかの児童も許容している（11行目の「どうぞ：：」）。このような観察から、S2はこの会話場面で教師役（司会役）としても、児童役としてもふるまうことが参与者相互に認められており、児童による主体的な話し合いの進行管理という特徴がみられる。

　18行目では、先に見た「ああ〜」も確認できるが、さらに19行目の「たしか

に」にも注目したい。後を補うとすれば、「たしかに（その通りである）」「たしかに（教科書に書いてある）」等となるだろう。そして、この評価の「たしかさ」とは、S2が教科書のページと行を明確に示し、教科書の記述を根拠に自分の考えを提示したことに対して、その「たしかさ」を認める評価と言えるだろう。

　この場面にみられる主体的・対話的で深い学びは、児童みずから疑問を出し（01, 02）、その疑問が児童による主体的な会話の進行管理により話し合われ（04-11）、教科書の記述に根拠を置いた予想が応答され（15, 16, 17）、その妥当性（18）と確実性（19）が評価されていることに観察できる。

3. 教師による導入

では、このような児童の学びの実践を教師はどのように引き出しているのか。次の会話は、すぐ上の〈会話6〉に先立つ教師の発話である。

(1) 「I群」と「R群」

〈会話7〉小学5年生　単元目標「伝記を読んで自分の生き方を考えよう」
01　T：グループで話し合う時には：：：（1.2）えっと教科書を（1.0）開きながら：：：自分が
02　　　どの1文を選んだか？（1.0）をきちんとここに書いてあるよってゆうことを話をし
03　　　て：：：（0.5）でグループでその話が出たらみんなもちゃんと教科書開いて：：：どこにどん
04　　　なふうに書かれてるのかもう一度読みながら話し合いを進めてください
05　S：はい　（（複数S））
06　T：で：：えっと疑問をもってる人たちは自分の疑問もきちんと友だちに話をし：：：（1.2）その
07　　　疑問に対して自分はどう考えるかとゆうことをきちんと友だちに返してあげてください
08　S：はい　（（複数S））（（児童が机を移動しグループを作る映像へと続く））

　この場面で教師による指示事項は2つある。1つは「グループで話し合う時には、教科書を開き、叙述をみんなで確認しながら話し合いを進めること」、もう1つは「自分の疑問を相手に伝え、その相手は疑問について自分はどう思うのかを返すこと」である。そして、すでに見た〈会話6〉には、この2つの指示事項が児童により踏襲されていることが確認できる。すなわち、S1が出

した疑問に対し、S2は教科書のページと行を明示するとともに、教科書の叙述を根拠にしながら応答し、S1とS3はその妥当性と確実性を認めている。

このように見た時、〈会話6〉の「疑問―予想―妥当」という連鎖は、そもそもそれ自体が教師の指示事項により引き出された、いわば「R群」と見なすことができるだろう。また、そうであれば、先の〈会話7〉にある一連の指示事項は、その「R群」を引き出す「I群」と見なすことができる。

ただし、3部IREでも、拡張IREでも、「今、何時か？」や「この物語の名前は？」等の教師の導入では、児童が「正解」を応答することが課題とされているが、〈会話7〉の教師の発話からは、児童みずからの疑問をグループの対話を通して解決する手順そのものが指示されていることが観察できる。端的に言って、この場面で教師は、「正解」というある特定の知識の習得を課題にしているのではなく、「より妥当性の高い解」を共同で創出していくための方法の習得を課題としている。

（2）児童見本型デモンストレーション

〈会話8〉小学4年生　単元目標「『車の色は空の色』シリーズの不思議を解き明かそう」

```
01  T  : ではこないだね、ちょっとだけ自分でみつけてもらったけど、確かな証拠の文みつけた
02  T  : よっていう人います::？
    ((編集カットが入り、一人の女子児童が黒板の前に立ち次のような発話を開始する))
03  S1 : 道に迷ったの行っても行っても四角い建物ばかりだもんということから::::
05  T  : うん
06     : (2.0)
07  S1 : えっと:: (3.0) 女の子は::: [:: 広々としたところに住んでいるかもしれない
08  T  :                              [うん
09     : (1.0)
10  T  : あ [あ〜〜
11  S1 :   [なっ　なって:: それっその結果から:: [:: 小さな野原にたどり着いた
12  T  :                                       [うん
13  S2 : ああ〜 [〜
14  S3 :       [ああ〜〜　((複数のSによるああ〜の重なり))
15  T  : ああ〜〜って言ってる人いるね::
    ((編集カットが入り、Tが黒板に貼り出した全文掲示に向かい次のように発話している))
```

```
16  T  ：この四角い建物というのはここと関係してるんじゃないかな::と
17     ：(3.0)((Tは黒板の全文掲示にマジックで線を引いて叙述を結びつける動作))
18  T  ：こんなふうに見つけてほしいんだけど、ちょっとお隣の人と書いたことを見せっこし
19     ：て相談してみてほかにも結びつけると証拠になりそうなところあるかなあ::ていう
20     ：の (0.5) どうぞ隣の人と
```

この場面は、先に見た〈会話5〉に先立つ会話である。教師が「……確かな証拠の文見つけたよっていう人います::？」とクラス全体に向けて発話し (01, 02)、ある児童が黒板の前に出てきて不思議の解き明かしを行い (S1: 03-13)、それを教師が「こんなふうに見つけてほしいんだけど」(18) とクラス全体に発話していることから、この場面では、1人の児童を見本として、学習のやり方や話し合いの進め方が示されている。ただし、先の〈会話7〉のように教師が言葉で指示を出すのではなく、「こんなふうに」(18) とはどんなふうになのかを実際に目で見て耳で聞いてわかるように例示するという特徴が見られる。

たとえば、16、17行目では、ある叙述と叙述の関連性を予想し、線を引いて結びつけるそのやり方が例示されており（四角い建物ばかりだもん→小さな野原にたどり着いた）、また、「うん」(05)(08)(12) では、話し手が行う謎解きに対する聞き手の適切な聞き方として「うなずきながら聞く」やり方が例示されている。さらに、頻出する「ああ〜」にも注目したい。10行目の「ああ〜」は教師によるもので、その発話位置から、「道に迷った四角い建物ばかりだもん」という女の子のセリフから、この女の子が「広々としたところに住んでいるかもしれない」という謎解きに対して、「ああ〜」とその妥当性を認める反応であることがわかる。16、17行目の「ああ〜」は、さらに「その結果として小さな野原にたどり着いた」という謎解きを複数の児童が妥当なものと評価していることを表している。そして、18行目では、「ああ〜って言ってる人いるね」と先行する児童の「ああ〜」そのものを適切な反応のやり方として教師が位置づけ直している。

18、19行目で、「ちょっとお隣の人と書いたことを見せっこして相談してみて……」と言っているように、教師はペア学習という話し合い活動を展開しよ

うとしているのだが、その直前では「何をどのようにするのか」そのモデルがS1を見本として例示されている。これにより、クラスの生徒にとって、「自分の謎解きをどのように相手に伝えるか」「相手はどのように聞いて、どのように反応するか」がペア学習に先立って明確になっている。

（3）演劇型デモンストレーション

〈会話9〉小学3年生　単元目標「食べ物の秘密を本で調べて家の人に報告しよう」
01　T：で実際にどんなふうにやるか::というのをちょっと見ててくださいね
02　　：やってみたいと思います（0.5）伝えたいことの中心（0.5）私の場合はトウモロコシから
03　　：どんな食品ができるかってゆうことを伝えていきたいので（3.0）コーンスター
04　　：チの使われ方（0.5）あ::あ::（1.0）これ使おうパシっ（（黒板のワークシートに貼る動作））
05　　：私実はこれね:::、山田先生に見せたんです（0.5）こうやって作った時に（0.5）そしたらねこ
06　　：うゆわれました（0.5）川本先生このね（　　）おもしろいですね::私はじめて知りました
07　　：って言われたので実は::この本を見せて::（（本を開く動作））ここに書いてあったか
08　　：ら::目次を開いて:::あっそうそうそうこのページだったな::っと思ってですね（0.5）本
09　　：でもう一回説明したんです（0.5）山田先生に（1.0）山田先生、見て見て見て見て、ここ
10　　：にこう書いてあるんだよすごいでしょ:::？　すごいですね:::えっでもなんではじける
11　　：んですか？　なんで大きくなるんですか？　って聞かれたの（4.0）書いてなかった
12　　：どうして大きくなるか（0.5）よーしじゃ::それを調べようってゆうことでピンクを増や
13　　：したんです（（ピンクの付箋を黒板の掲示物に貼る動作　ピンクの付箋はあらたな疑問を示す。））

　この場面は、先の〈会話4〉を導く教師の発話である。この場面で教師は、自分自身がトウモロコシの調査報告文を書いていく際に踏襲した手順を演劇化により再現してみせている。たとえば、同僚の山田先生なる人物を登場させ、「本の開き方」(08)、「本の見せ方」(09,10)、本を見ながら説明を受けた相手の「反応の仕方」や「疑問の持ち方」(10,11)、「あらたな疑問を解決するやり方」(12,13)など、総じて「グループ交流を通して調査報告文をさらに高めていくやり方」のモデルが演劇化され、実際に目で見て耳で聞いてわかるように例示されている。すでに見たように、〈会話4〉では、これらの「やり方」が児童により踏襲されている様子を観察することができ、それゆえ〈会話4〉をR群として、〈会話9〉をそのI群として位置づけることができる。ここでも児童にとって「何をどのように対話するのか」は、グループ交流に先立って明

3．教師による導入　83

確化されている。

4. 授業における教育実践の観察可能性について

　まだアクティブ・ラーニングという言葉が主流だった時に参観したある社会科の授業を思い出す。その授業では、穴埋め式のプリントが児童に配付され、班で話し合いながらそのプリントの空欄を埋めるように教師から指示される場面があった。プリントの内容はその授業時間の前半ですでに習ったことであった。もちろん児童たちは覚えたばかりの知識を使って空欄を埋める。手持ち無沙汰になった頃、何人かの児童が小声で「何するの？」と話しているのが聞こえてくる。察知した教師は「今日、習ったことについてグループで話し合ってください」と指示をくり返す。丸つけをはじめるグループ、答えをくり返し確認するグループ、話が盛り上がらずおのおのが教科書や資料集を手にしているグループ、授業にかかわりのない話を始めるグループも現れた。10分ほどであったか。空虚な時間が流れた。

　会話データを通じて見てきたように、主体的・対話的で深い学びを導く教師の授業では、学び方や話し合いの進め方が明確に指示・例示され、児童は迷うことなく話し合いを進め、学び合いを展開していた。メハンのIREとよく似た構造が見られたが、児童の知識をテストするものでも、確認するものでもない。教師は児童自らが対話的に妥当解を探求するそのプロセスを噛み砕いて例示しているのであり、学び方のモデルを「児童見本型」や「演劇型」等の工夫を用いて具体的にデモンストレートしている。

　「主体的・対話的で深い学び」の主語はもちろん児童生徒である。だから、児童生徒が主体的に、対話的に、深く学ぶ、その時の会話をはじめとした相互行為的なやりとりを授業者が具体的にイメージできなければ、そもそも指示・例示など考えようもないし、その実現に向けた授業づくりなど構想できるわけがない。主体的・対話的で深い学びが感じられる瞬間の映像を集めて何度も見たり、自分の授業を録画したり、気になる場面のトランスクリプトを作成したり、十分な時間はないかもしれないが、私たち教師が授業の真価を見取ること

ができるとすれば、それは児童生徒が何をどのように学んでいるか、またその学びを教師がどうやって引き出しているのか、その「実際にやっていること」のなかに見るしかない。会話分析的な手法は、教師や児童生徒が実際に行っていることを分析できる1つのツールである。読者のなかにはこれから教師を目指す者も多くいることだろう。いつか教壇に立ち児童生徒と向き合い、授業づくりを細部から緻密に構想する際の1つの視点として、本章の着眼を採用していただければ幸いである。

(大辻　秀樹)

〈引用・参考文献〉

串田秀也・平本毅・林誠, 2017,『会話分析入門』勁草書房。

Mehan, Hugh, 1979, *Learning Lessons: Social Organization in the Classroom*, Harvard University Press.

――, 1985, "The Structure of classroom discourse," Dijk, Teun Adrianus van., ed. *Handbook of Discourse Analysis*, Vol. 3: Discourse and Dialogue, Academic Press, pp. 120-147.

大辻秀樹, 2006,「Type M:『学ぶことに夢中になる経験の構造』に関する会話分析からのアプローチ」『教育社会学研究第78集』東洋館出版, pp. 147-168.

CHAPTER 6
授業のなかで作られる「事実」と「学級」

1. 「学級」のなかで行われる授業

　現在、日本における義務教育学校のほとんどが「学級」という制度を採用している。学校に通う児童生徒は、登校すると自分の学級に割り当てられた教室に行き、夕方に帰宅するまでのほとんどの時間、学級という1つのまとまりとして授業を受け、給食をとり、学校行事に臨んだりしている。筆者が学校に行って調査を行っていると、自由に過ごしてよいはずの休み時間でさえ、同じ学級の友だちと遊んでおり、さらには、学級担任もそこに加わるという様子がよく見られる。このように、学校での児童生徒・教師の生活のなかで「学級」が非常に大きなウェイトを占めており、学習にとどまらず学校生活のあらゆる側面をともに経験する「生活共同体」であるとされてきた（高橋1997）し、「学級」で達成すべき目標がさまざまな場面で設定されることも報告されている（恒吉1992）。学校では非常に多くのことを「学級」の一員として経験するのである。

　そのような学級のなかで行われることのなかでも、本章では授業において教師と児童のあいだで交わされる会話・視線・ジェスチャーなどのさまざまな「やりとり」に着目してみたい（そのような「やりとり」を「相互行為」という）。たとえば授業が始まる時、教室では何が行われているだろうか。日直が「これから1時間目の授業を始めます、礼」と言い、教師と児童がともに頭を下げ、双方が「お願いします」と言って授業が始まる。そんなシーンを想起するかもしれない。本章が問題にしたいのはその次である。多くの場合、前回の授業で学んだ内容をふり返り、次に今日の授業内容に入っていくだろう。その際、ほとんどの授業が前回の内容を前提として、新しい学習へと進んでいくのではないだろうか。そのようにして、それぞれの学級にはそれぞれの「授業の進度」ができあがっていく。

しかし、一度ここで立ち止まって考えてみてほしい。なぜわれわれは「前回の内容」や「授業の進度」などと言いうるのだろうか。小学校であれば、30～40人を1学級として授業が行われることが多い。そのような状況下では、原理的には「前回の授業」で学んだことは一人ひとり違うはずであるし、理解度も児童によってさまざまであるはずだ。しかしながら、授業を行った教師であれば「前回の内容」や「授業の進度」を聞かれれば即座に答えることができるし、逆にそれができなければ教師としての能力を疑われることになるだろう。

　われわれはそれほどまでに、「前回の内容」や「授業の進度」といったことを自明視している。教師は授業の終わりに児童一人ひとりの学習状況や到達度を個別にチェックしているわけではない（だからこそテストという形で到達度の評価が行われる）。「『学級』とは、この組織のリズムが強力に作用する場、すなわち規律空間である。個人の好み、理解のスピード、成績のレベルは全て無視されることによって、『学級』を通じた授業は進行する」（柳 2005, p. 119）と指摘される通り、学級における一斉教授という方法を成立させるためには、個人のさまざまな状況にすべて配慮することはできない。

　教師は児童それぞれの学習状況に差異があることを認識しつつも、児童の集合体である学級を単位として日々の授業を行い、「進度」を確定していかなければならない。これは一種のジレンマ状況であるはずだが、教師はいかにしてそれを可能としているのか。それこそが本章の問の中核であるが、その答は教師と児童との相互行為のなかにある。授業において個人が何かを「学習した」と言えるためには、個人の内面の変化（たとえば、脳内の変化など）とは別に、相互行為の上で他者に対してそれを示さなければならない（西阪 1997）。かけ算をマスターしたという「事実」が成立するためには、九九をすべて暗唱できたり、かけ算を使った文章題に答えることができたりするということを相互行為のなかで他者に示すことが必要だ。そうであれば、学級でも「ある学級では～を学習した」という「事実」が成立する（すなわち、「進度」が確定され、教師・児童といった学級のメンバー間でそれが自明のものになる）ためには、相互行為のなかでそれが可能となる何かが行われる必要があると考えられる。

　授業場面においては、ある個人が「～を学習した」ということが成立する一

1．「学級」のなかで行われる授業　　87

方で、「ある学級では〜を学習した」という「事実」を確定させる方法が存在しているのではないか。そのような「事実」を共有しつつ一斉教授のもとに学習を継続していくのが学級であり、本章では、学級という単位で「〜を学んだ」という「事実」を作り上げていく方法を明らかにしてみたい。

2. 「学級が」学ぶということ

（1）授業場面のIRE連鎖

　授業場面を社会学の立場から分析した初期の研究者であるメハン（Mehan, H. 1979）は、授業がどのような相互行為によって構成されているのかを考察の対象とし、IRE連鎖と呼ばれる発話連鎖を、授業を構成する相互行為として位置づけた（IRE連鎖については5章を参照）。以下の場面は小学校6年生の算数の授業で、正方形と長方形それぞれについて、形は変えずに大きさを変化させる際の規則を学んでいるところである。【場面1】では、長方形について2倍・3倍……として大きさを変化させる方法についての確認が行われている。

【場面1】
＊凡例（場面1以降も共通である）
|T|…教師、|A〜G|…特定の児童、|S|…児童（1人）、|Ss|…児童（複数人）、|：|…直前の音の引き延ばし、|[ ]|…発話の重なり、|＝|…前後の発話が切れ目なく続いている様子、|。|…語尾の音が下がっている様子、|？|…語尾の音が上がっている様子、|↑|…直後の音が極端に上がっている様子、|、|…短い間、|(n)|…n秒の沈黙、|( )|…聞き取り不可能な箇所、|(( ))|…観察者の注記

01T　：2倍3倍の（（という方法を採用した））人いってみましょう。
02　　：2倍の人、縦が2倍だと？
03S　：2センチ：：。
04T　：2センチ、横は？
05Ss：8セン［チ。］
06Ss：　　　［8］センチ：：。

ここではIRE連鎖が顕著に現れている。まず、1・2行目で教師は「2倍3倍の人いってみましょう。2倍の人、縦が2倍だと？」と述べて児童に質問を行い、シークエンスを開始（I）している。そして、誰か特定の児童が指名されたわけではないが、3行目ではある児童が「2センチ:::」と述べることで教師の質問に応答（R）している。そして、4行目では教師が「2センチ」と端的に述べることによって、児童の応答が正しいものであると評価（E）しているのである（ここでは「よくできました」などといった正誤を断定する発話はなされていないが、児童の応答をくり返し、「横は？」とあらたな質問を行うことで、3行目の児童の応答が「正しい」ものであると評価しているといえる）。このように、IRE連鎖は授業場面において頻繁に観察される相互行為の形であり、それによって授業が形作られていくのであるが、IRE連鎖が授業のなかで果たす役割はそれだけではない。

（2）指名のない発話から始まる相互行為

　以下は【場面1】の直後の場面であり、授業のなかでそれまでに何が行われてきたのかが定式化され、伝達されてきた知識の再確認が行われている場面（メハン 1979, pp. 46-47）である。

```
【場面2】
01T：じゃあちょっと前注目してみてください。
02     (6.0)（（児童が静かになっていく））
03T：正方形の場合だと、1センチずつ増やせば、同じ形を描けたし::、
04     倍にしても良かったよね:。長方形は？
05     (1.0)
06A：たぶんだめ。
07T：ダメだね::、1センチずつ増やしたり決まった数だけ増やしても
08     同じ形に↑は、
09B：ならない。
10C：［ならない］
11D：［ならな::い］
12E：［（　　　）］
```

2．「学級が」学ぶということ

13T：［ならない］よね。
14　　（3.0）
15T：長方形は長方形なんだけど同じ、形で↑は＝
16F：＝ない＝
17T：＝なくなっちゃうね。逆にこっちは::2倍3倍だと、
18S：［同じか（　　　）］
19G：［同じ形::::::＝］
20T：＝同じ形になるんだね::::。これ何か決まりがある？

　ここではまず、「じゃあちょっと前注目してみてください」と教師が述べることで、それまで口々に発話を行っていた児童たちが静かになり、あらたに教師から相互行為を開始することが可能な状態が作り上げられる。教師が授業内容を確認するための準備が整い、3行目から教師は「正方形の場合だと、1センチずつ増やせば、同じ形を描けたし::、倍にしても良かったよね::。長方形は？」という発話によって質問を行い、あらたな相互行為を開始するのである。この時着目すべきは、教師は「長方形は？」と語尾をやや上げ気味に発音することによって発話を終えているが、その時には特定の児童を指名しているようには見えないということだ。それにもかかわらず、児童Aは「たぶんだめ」と発話することによって教師の開始に応答している。このようなやりとりは【場面1】にも見られたが、そのことは、教師と児童が次のような規則を共有していることを観察可能にしている。それは、通常児童が発話してよいのはその児童が教師に指名された時であるが（教師が話をしている途中で児童が発話すると、時に無視されたり注意を受けたりする）、とくに指名がされなくとも児童の発話が許可される場合があるという規則である。そしてこの規則の運用は、6行目の児童の発話が7行目で教師によって評価されるということによって達成されている。このような教師と児童との発話ターンの交代は、IRE連鎖のなかでも教師の開始が明示的ではないものである。IRE連鎖における教師の開始は、「～さん」と特定の児童を指名するような明示的なものから、ここで見てきたような、児童を特定しないものまでさまざまであり、質問の宛先の明示性はグラデーションを成しているのである（メハン1979, pp. 92-93）。

このように、教師による指名なしの発話が許可されることによって上記の規則の運用が教師と児童のあいだで確認されるのだが、そのことは7行目以下に続く局面（知識の確認）を構成する相互行為が行われるための下地を作り上げるのである。それでは、知識の確認作業はいかにして行われているのであろうか。

（3）文の協働制作

　教師の指名なしの発話が産出される際には、【場面2】のように教師と児童のあいだでの確認作業が伴う場合がある。このことが、教師の指名なしに児童が発話してはならないという規則の存在を指し示しているといえるのであるが、その一方で、日常会話においてはむしろ発話のターン取得の機会はその場の参与者に等しく開かれている。サックス（Sacks, H., 1992, pp. 144-149）は、あるセラピー場面を観察することを通して、人々が巧みに〈文の協働制作〉を行うことを分析している。以下は、セラピーが行われている部屋で3人の少年（Joe, Henry, Mel）が話をしているところに、あらたにもう1人の少年が入室してきた場面である。その際、3人の少年は新参者の少年に向かって次のように言う。

　　Joe　　：（cough）We were in an automobile discussion,
　　Henry：discussing the psychological motives for
　　Mel　　：drag racing on the streets.

　　　　　　　　　　　　　　　　　　　　　（サックス 1992, pp. 144-145）

　日常会話においては、複数人がある1つの文章を分担して言うということがしばしば行われる。Joeの発話はそれ自体で完結した文章になりうる（We were in an automobile discussion.）。しかし、その後でHenryが「discussing the～」と続けることでJoeの発話は完結していないものにされ、さらにMelがそれに続くのである。このような会話においては、2番目に発話を行う人物がその会話の性質を決定する上でのキーマンとなっている。Joeの発話の後で、Henryが「Do you like automobiles?」などと新参者の少年に向かって言えば、

その後の会話の生起の仕方だけでなく、Joeの発話の意味もまったく異なるものになる。Henryの発話は〈文の協働制作〉の誘因になっているといえるだろう。そのような発話を本章では「トリガー（Trigger）」と呼ぶことにする。

　このような知見は日常会話から導き出されたものであるが、授業場面においても同様の相互行為が展開されている。【場面２】では、７行目で児童Ａの発話を評価した後で、教師は「１センチずつ増やしたり決まった数だけ増やしても同じ形に↑は」と述べることで再び次の相互行為を開始している。そしてその後、９行目において今度は児童Ａとは別の児童Ｂが「ならない」と答えることによって教師に応答している。それだけではなく、児童Ｃが「ならない」、児童Ｄが「ならな：：い」と述べることによって、そして児童Ｅもなんらかの発話を行うことで、７・８行目の教師の発話に応答しているように観察可能である。しかもそれらの応答は、９行目の児童Ｂの応答に少し遅れて、お互いが重なりあうようにして行われている。このことは、教師の７・８行目の質問に続く発話が特定の児童にだけではなく、誰にでも開かれていると児童たちが理解していることを表している、ということがまずは確認できる。

　その時着目したいのが、７、８行目の教師の発話は独特な形をとっているということだ。教師が「増やしても同じ形に↑は」と語尾を上げて発話することによって、その後に続く児童の発話は「〜ない」という形、すなわち「ならない」という形以外がかなり生起しにくくなっているのである。その後で、教師は児童Ｃ・Ｄ・Ｅの発話と重ねて「ならないよね」と述べ、９〜12行目の児童の応答に評価を与えているのである。そして何よりも注目すべきは、７・８〜12行目までのやりとりにおいて、教師と児童は協働して、ある１つの文を作り上げているように見えるということである。このやりとりにおいて、教師と児童（Ｂ〜Ｅの複数人）は、長方形については「１センチずつ増やしたり決まった数だけ増やしても同じ形にはならない」という１つの文を分担して述べ、先に紹介した〈文の協働制作〉を行っているように見えるのだ。

　そのように考えると、７、８行目の教師は、語尾を上げて発話することによって、「トリガー」となるような発話をあえて開始部分（Ｉ）において行っているといえるのではないだろうか。教師はＩＲＥ連鎖の開始部分においてそのよ

うな形での発話を行うことにより、【場面１】で見られたような通常のIRE連鎖を生起させるのではなく、〈文の協働制作〉を行うための「トリガー」を提示し、それに応答（R）することで、児童も〈文の協働制作〉に参加することになるのである。そして、教師はそのような〈文の協働制作〉に対して【場面２】の13行目のような形で評価（E）を与える。このようにして、開始（I）―応答（R）―評価（E）という通常のIRE連鎖を変形させた〈文の協働制作〉の連鎖が構成されるのである。このように、教師が〈文の協働制作〉のきっかけとなるトリガー（Trigger）を提示すると、その指し手に児童が寄与（Contribution）し、最後に教師が評価（Evaluation）を与えるという連鎖は「TCE連鎖」とでも呼ぶことができるだろう。

（４）学級で構成される「事実」

ここまで、授業のなかで教師と児童により〈文の協働制作〉が行われる様子を見てきた。〈文の協働制作〉のように、複数人で単一の文を述べるという現象についてサックスは以下のように述べている。

> <u>２人で単一の文を産出するということは</u>（中略）、<u>２人が互いに親密であることを示すわかりやすい装置である</u>、というように我々は受け取る。彼らカップルは２人で一つのユニットなのである。というのも、単一文の産出というものは、あるユニットによって行われる事柄の典型的な事例であるからだ。通常、そのユニットとは１人の人間のことであるが、このことは翻って（中略）、<u>必ずしも明確となっているわけではないユニットが自らの存在をデモンストレートする方法があるということを示しているのだ</u>。
>
> （サックス 1992, p. 145 下線は引用者によるもの）

サックスによれば、ある１つの文を複数人で述べること、すなわち〈文の協働制作〉は、必ずしも明確にはなっていない人々のユニットを明確にするための方法となりうるという。つまり、７・８〜12行目のやりとりは、〈文の協働制作〉が教師と児童Ｂ〜Ｅを１つのユニットにまとめ上げているということを

意味するのだ。それは、「1センチずつ増やしたり決まった数だけ増やしても同じ形にはならない」という1つの文が教師と児童たちに共有されるということでもある。もちろん、発話を行っていない児童たちも、それを妨害したりせず注視することで相互行為に参与し、文を共有しているといえるのである。その時、そこで起きているのは単一文の共有ということにとどまらない。〈文の協働制作〉の実行という事態はすなわち「1センチずつ増やしたり決まった数だけ増やしても同じ形にはならない」という命題が「学級」というユニットによって学ばれたという「事実」を構成することにもなるのだ。

　もちろん、「事実」の構成は〈文の協働制作〉によるものだけにとどまらない。たとえば授業の最後に教師が「今日の〜をよく覚えておくように」と言うだけでも、次の授業時にはそれを「事実」として扱うことが可能であるし、授業終了時に授業の「ふりかえり」をノートへ記入させ回収するという方法は広く用いられており、教師は次の時間にその記入された内容に言及することもある。ただ、〈文の協働制作〉によって構成された「事実」は、〈学級である命題を共有した（言った・確認した）〉という意味で、原理的には学級のメンバーであれば〈誰にでも〉その内容を問うことができるものであり、答えられるべきであるという規範を生じさせるのである。

（5）「事実」を確かめる

　〈文の協働制作〉がなぜ「事実」の構成と言えるのか。それは、後にその「事実」が学級内のメンバーによって確認され、運用されるからである。まずは、社会の授業の冒頭で、前回の授業内容をふり返っている【場面3】を見てもらいたい。

【場面3】
01T：はい、それでは。え::と、みなさま。こないだの勉強で、あの::、
02　　一番最初小さな村ができあがってきて、一番最初にみんなの指導者的な
03　　その村のね、集落の、指導者的な立場になった人なんていうんだっけ？
04　　((一人の児童に手を向ける))Bさん。

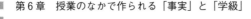

05B：んと、貴族、あ豪族、
06T：貴族。
07　((多数の児童の笑い))
08B：あまた間違えた。
09T：豪族。え豪族だっけ？　小さな村のときはなんだっけ。
10Ss：村［長］。
11Ss：　　［村］長。
12T：うん村長、長、ね、そういう、え：：指導者的な立場の人だったよね。

　まず、1行目の教師の発話に見られるように、「こないだの勉強」という言い方で前時に構成された「事実」を指示し、それを前提として、2・3行目において教師が「なんていうんだっけ？」と質問を行うことが可能になっていることに着目してみたい。まず、ここでの相互行為には以下のような特徴がある。1つ目が、2・3行目の教師の質問が端的であること。2つ目が、5行目の児童の誤答を6行目で教師が訂正する際、「貴族」ということさらに説明を加えないシンプルな方法をとっていることである。この2つの特徴は、4行目において指名された児童Bは正答を述べることが可能だという前提が存在していることの表れである。さらには、5行目の児童Bの誤答に対して笑いが発生しているが、この笑いからも、教師が質問したこと＝前時で構成された「事実」は、知っているべきもの＝知らなければ笑いの対象になりうるものであるということがわかる。また、「事実」が前提とされていることは9行目において教師が再度学級全体に質問をし直した際に、多くの児童が答えられていること（10、11行目）からも観察可能である。さらには、12行目の「指導者的な立場の人だったよね」という教師の発話はすでに存在する「事実」の確認という形をとっており、この場面は教師と児童により前時までに構成された「事実」が確認されている場面であるといえる。さらに、このような「事実」の確認方法は【場面3】のように会話による相互行為によって達成されるだけではない。以下【場面4】は6年生の学級で撮影された国語の授業の冒頭であるが、学級のメンバーたちは会話以外の方法も用いている。

【場面4】
01S ：静かにしてください。
02S ：はい。
03S ：これから一時間目の学習を始めます。
04Ss：はい。((一斉発話))
05S ：礼。
06T ：お願いします。
07Ss：お願いします。((一斉発話))
08T ：あれ、昨日写真に撮った記憶があるぞ。
09S ：何を：。
10T ：これ？　はい思い出してもらって：：。
11T ：((ディスプレイの方へ移動しながら写真を写す準備をする))
12T ：((ディスプレイに映し出された前回授業の板書を指しながら))
13 　　じゃというわけで昨日：：、昨日の続きなんだけど：、クエに出会う前は：、
14 　　まぁね、父の敵に対して怒り：とか憎しみ：とか一人前の漁師になるために
15 　　自分の手でやるぞみたいな、ま思いだったんだけどもじゃクエと
16 　　((挙手の姿勢をとりながら))出会った後はどんな感じになったのかな。
17S ：((児童が挙手する))
18T ：((昨日の板書の続きを書き始める))
19T ：はいS。
20S ：はい。えっと：、クエ、瀬の主：=((児童の解答が続く))

　これはある授業の冒頭であるが、始業の挨拶が終わるとすぐに、教師は前時の板書を撮影したデジタルカメラを取り出し、写真を教室前方の大型ディスプレイに映し出す。〈文の協働制作〉だけでなく、時には板書の画像が前時に構成された「事実」を映し出す装置として機能するのである。教師は「というわけで昨日：：、昨日の続きなんだけど：」（13行目）と述べることでその写真が前時の板書であることを示し、前時の内容＝前時に構成された「事実」を前提として（13〜15行目）あらたに児童に対して質問を行っていく（16行目）。
　これまで見てきたように、授業場面においては〈文の協働制作〉によってある命題が学級で共有されていた（そして同時に、その相互行為によって「学級」が立ち現れるのである）。さらに、その命題は学級のメンバーであれば知ってい

るべき「事実」として取り扱われ、それを前提として相互行為が展開していく様子が観察された。

　このようにして構成される「事実」は、その学級のメンバーが知っているべきであり、内容を問われれば答えられるべきである。そして、もしそのようなことができなければ笑いの対象となったり、修正を受けたりするという強い規範性を帯びたものである。人は誰もが自分の行った過去の行為を把握しているべきであるし、それに対する種々の責任を問われるものであるが、学級で構成されたこのような「事実」は、たとえば自分が〈文の協働制作〉に直接参与せず、それを注視している存在であったとしても、次の授業では直接参与したメンバーと同等のことができなければならないという性質をもっている。学級では日々こうした「事実」が構成され、それが次の授業では誰もが知っているべきものとして確認されていくのであり、そのような「事実」は個人的に把握しているべき事実とは対照的な、学級のメンバーであれば前提とすべき「学級的事実」と言えるものなのである。

3. 「学級的事実」と相互行為分析が授業実践にもたらすもの

　本章では「学級的事実」の構成・運用のあり方を見てきた。その構成方法のもっとも顕著なものの1つとして〈文の協働制作〉が行われていたが、そういった方法はおそらく誰もが一度は目にしたことがあるはずであるし、（筆者も含め）みずからの授業実践をふり返ってみると、やったことがないと言い切れる者の方が少ないかもしれない。〈文の協働制作〉でなくとも、本章で言及したいくつかの方法で「学級的事実」を構成し、それを使って次の授業を始め、展開するということは、多数の受講者に何かを「教える」立場の者であれば誰もが経験することであるように思われるのだ。

　それは、授業というものが（後述のような例外もあるが）一斉教授というシステムを前提としているからであろう。一対一での教授場面では、冒頭にあげたようなジレンマは成立しえない。その一方で、本章が描き出した〈文の協働制

作〉という方法は、そのような一斉教授のジレンマを解消するものであったのかもしれない。そして、一斉教授というシステムを維持する以上「学級的事実」を作り出し、日々の授業を進行させていくというやり方は不可避なものだろう。ただ、「学級」への一斉教授は、教育の歴史を紐解くことによってさまざまな教授方法のなかで効率とコストを重視した際の1つの選択肢であることが明らかにされているし（柳 2005）、ICTのようなあらたな学習デバイスやグループでの対話を重視した授業スタイルの登場に象徴されるように、これから先も一斉教授が学校における教授方法の大部分を占めるかどうかはわからない。そういったなかで、われわれには、現在の授業において大きな前提となっている一斉教授をどのように成立させているのかを問い直し、そこで生起していることを分析した上で授業の方法を選択していくことが求められるだろう。

　ただ、教師が「学級」という集団を相手に一斉教授を行う一方で、児童一人ひとりをまなざす視点をもちあわせていることは忘れてはならない。教師は一斉教授システムのなかにありながら、たとえば授業中にこまめな机間巡視を行い、そこでの観察をもとにして指名する児童を決定するということを行っている。また、児童の学習状況をチェックするために授業の「ふりかえり」をノートに書かせて、それを次の授業に生かしている。教師は学級と個人を同時にまなざすなかで、授業を行っているのだ。

　そのように考えると、本章が明らかにした「学級的事実」の構成によって「授業の進度」を作り出していくことは、学級／個人へのまなざしを支える、一斉教授の根本現象であるといえるのではないだろうか。個人へのまなざし・指導が可能となるのも、「前時では〜を学習した」という「学級的事実」が存在するからであり、その事実を共有したり運用したりすることができる集団をわれわれは学級と呼んでいるのである。一斉教授における「学級的事実」の構成というものはある意味では学級内に「できる」児童と「できない」児童を作り出す実践であるかもしれない。ただ、つぶさに実践を分析し続けることで、それが当該の実践に対してもつ意味も明らかになるように思われるのだ。「学級的事実」という視点と相互行為分析という方法は、授業や学級に関する研究のあらたな地平を開くだけでなく、実践者がみずからの実践を分析する際のひ

とつのツールになる可能性をもっているのではないだろうか。

(山田　鋭生)

〈引 用 文 献〉

Mehan, Hugh, 1979, *Learning Lessons: Social Organization in the Classroom*, Harvard University Press.
西阪仰，1997，『相互行為分析という視点——文化と心の社会学的記述——』金子書房。
Sacks, Harvey, 1995, *Lectures on Conversation*, vol. 1, Blackwell.
高橋克已，1997，「学級は"生活共同体"である——クラス集団観の成立とゆらぎ」今津孝次郎・樋田大二郎編『教育言説をどう読むか　教育を語ることばのしくみとはたらき』新曜社。
恒吉僚子，1992，『人間形成の日米比較　かくれたカリキュラム』中公新書。
柳治男，2005，『〈学級〉の歴史学　自明視された空間を疑う』講談社。

CHAPTER 7
新任教員の「困難」をめぐる臨床研究の実践

1. 「学び続ける教員」とA教諭との「出会い」

(1) 教師の「学び」?

　現在、中央教育審議会答申「教職生活の全体を通じた教員の資質能力の総合的な向上方策について」(平成24年)で示された「学び続ける教員像」の確立に向けて、教員の養成・採用・研修の一体化が目指されている。たしかに、教員は社会の変化に応じて知識・技能を絶えず刷新し続ける必要はあるだろう。答申曰く、「自らの実践を理論に基づき振り返ることは資質能力の向上に有効であるが、現職研修において大学と連携したこのような取組は十分でない」。また、「教育委員会と大学との連携・協働により、教職生活全体を通じて学び続ける教員を継続的に支援するための一体的な改革を行う必要がある」。

　しかし、である。「支援」の中身は具体化されていないが、当の学校教員の立場に立つならば、「学び続ける」主体にもかかわらず、あくまでも研修を「受ける」存在として位置づけられそうだと危惧して当然である。中教審が示すのは制度改革の指針であるのだから、教師が制度の「受け身」なのは当然、あるいは仕方ないと納得すべきだろうか。あるいは、大学で展開される理論などを教師みずからがまさに主体的に利用して実践をふり返る、そうした自己研修の機会を制度的に保証するような「支援」を期待してよいのだろうか。

(2) 教育実践と教育研究

　教育実践に「役立つ」ことはさまざまあり、学術研究もそのひとつである。だが、現在のところ教育現場から期待されているとは言い難い。「役立つ研究」ということでイメージされるのは、教員みずからが行う授業研究や学校全体で取り組む重点研究の方であろう。まして、筆者が専攻する教育社会学は「役立

つ」こと自体も批判的に検討するといったイメージさえもたれることだろう。

　しかしながら、とりわけ教育現象を質的に記述する教育社会学にも「役立つ」余地はある。筆者は以前からそうした関心を有してきたが、いくつもの壁がある。理論が難解であるとか、詳細な授業分析を読む時間などないといった壁もあるが、本質的には、社会学「研究」と授業「実践」の目的が異なる点が最大の壁である。実践の関心はみずからの授業が「うまくいく」ことだが、社会学研究の大半は研究に寄与するために研究する。学術研究としてはそれでよいかもしれないが、「役立つ可能性」として研究がまとめられる際、それは実際には研究を成立させる口実にすぎず、役立つかどうかは実践者次第、成否はあずかり知らぬ、と暗に書かれていることが多いように思う。だが、ほんとうに「役立つ可能性」があるならば、試行錯誤する意義はある。

　教育学や社会学では、近年「臨床研究」の意義が論じられ、具体的な成果も蓄積されてきた。授業の研究についてはどうか。現場でなされる授業研究ばかりでなく、研究者と実践者とが協働して行う研究が「役に立つ」のであれば、そうした研究こそ「学び続ける」べき内容のひとつに値するのではないか。

　本章は、ある新任教員の実践が「うまくいく」という目標を設定して実践に「役立つ」研究を協働的に紡ぎ、実践した記録をお届けしたい。そのためには、同じ方向を向くことのできる実践者の存在が不可欠である。このような問題関心のもと、筆者はA教諭と「出会う」こととなる。

（3）A教諭の「困難」

　筆者は学校教員と研究者とで構成する研究会に年に2度参加してきた。本章で扱う調査が可能となったのは、研究会に新規に参加したA教諭のおかげである。詳細は控えるが、調査は一定の人間関係から可能になった。

　数年前に学部を卒業したA教諭は関東圏X市立小学校に着任し、3年生の担任となる。新任教員として戸惑いながらも教員生活をスタートさせ、夏休みを迎える。8月初旬の研究会でA教諭がその4ヵ月について報告したところから、筆者はA教諭の「困難」を知り始めることとなる。

　A教諭には、授業中に落ち着かない児童への指導をめぐる「困難」があった。

2学期に生じたトラブルが本調査を始めるきっかけであったのだが、特定少数の児童のトラブルを中心に1日中対応に追われたという。その後、筆者とは別の共同調査者への相談を経て、12月研究会での報告者としてA教諭が立候補したところで、筆者より授業参観依頼を行い、調査許可を得たのであった。

　12月中旬に「理科」と「国語」の授業参観と録画、その後A教諭の指導教員S先生への聞きとりを実施し、放課後A教諭からクラスや気になる児童の情報提供を受けた。数日後、研究会報告へ向けてA教諭・共同調査者と「理科」の録画を共同視聴し、5時間を越えるディスカッションを実施した。12月下旬の研究会時にはA教諭と筆者・共同調査者が報告し、年明け中旬にそのふり返りを実施した。テーマは多岐にわたったが、A教諭はそれらをふまえて日々を過ごし、2度目の授業参観を2月初旬に実施し、ふり返りを実施した。

　実際に参観した授業の何倍もの時間をディスカッションに費やした本調査からは多様なことが言えそうだが、以下の論点に焦点を当てて考えてみたい。

2. 授業への「焦点化」問題

(1) 授業参観の「印象」

　最初に参観したA教諭の授業に対する「印象」のひとつは、「児童が授業に集中できていない」というものであった。だが、これは印象だけに実にあいまいである。教師の発問や指示をきちんと聴く児童の方が多数のようにも観察できた。一方、少数の児童が多くの時間帯で集中できていないのも確かそうであったが、彼ら以外の児童が教師や児童の発言を聴けない場面もみられた。

　このような印象に対して、教師の側に問題を帰属し、教師の発問や指示およびそれを支える方法の問題に視点を定めることができる。実際、クラスを「つかんでいる」場面とそうでない場面とに落差があると観察可能であった。

　だが、当初A教諭はみずからの「困難」をどちらかといえば特定少数の児童の側の問題として認識していた。教師の側に問題を帰属するのは、A教諭からすれば不本意ではないか。こうした迷いをもちながら、ともかくも観察者の「印象」を観察可能な形でA教諭に提示し、協働的に検討する「実践」を試み

たわけである。「理科」の授業を中心にA教諭への提示を紹介しよう。

（2）「理科」の授業概要（豆電球と電池をどうつないだら明かりがつくか？）

本時の概要は、①「豆電球と電池を（導線で）どうつないだら明かりがつくか？」という発問のもと、②配付された用具を使用して児童各自が実験してその結果を用紙に図示し、全体に向けて発表する。そして、③発表を受けて教師がまとめる、というものである。

これを授業の「IRE連鎖」によって知られるメハン（Mehan 1979）の「三局面」（phase）にあてはめて記述できるかもしれない（Mehan 1979, pp. 37-49）（「IRE連鎖」の詳細は5・6章を参照のこと）。「開始―教授―終了」といった局面ごとに、メハンやその研究者が指摘した知見に照らして、教師―児童間でどのようなIRE連鎖が使用されているのかを記述し、それらが効果的かどうかを問う方向である。あるいは、豆電球と乾電池をどうつなげば点灯するか→＋極と－極につなげばよい、というだけのことに授業の大半を使用することに批判的見解を示し、アウトリーチ的な授業改善を目指せるかもしれない。

しかしながら、社会学的な授業研究の成果をA教諭の授業にあてはめることがA教諭にとって意味をもつのか疑問に思えたし、後者の教科内容構成についての提言もA教諭への貢献には至らないように思えた。実際の実験は、このクラスにおいて実に活発に取り組まれ、観察者からすれば思いもよらない結果発表がなされたのである（乾電池の＋極－極、とくに＋極凸部分のどの部分まで通電するのか、はたして厳密に答えられるだろうか）。

（3）「焦点化」という視点

さて、どのような知見がA教諭にとって「役立つ」のか。学校現場の授業研究では先輩がさまざまな助言を与えることだろう。筆者が同じように「助言」しても仕方がない。「児童が集中できない」状況があるという問題認識はA教諭と観察者とで共有できていたが、特定少数の児童の問題と見なすA教諭のとらえ方に対して、筆者はあえて教師の側が「集中させていない」部分があるという視点を提示して、議論を始めたのであった。とはいえ録画を視聴し始めて

すぐに、実際の授業場面には単に児童の側あるいは教師の側のいずれかに問題を帰属するだけでは済ますことのできない詳細が含まれているという直感に至り、児童の問題としてでもなく、A教諭の問題としてでもなく、授業そのものを対象化し、A教諭と一緒に考えようとしたのである。

以下では、「児童が集中できない」事態を分析する視点として（授業への）「焦点化」という語を使用したい。聞き手（児童）が発話者（教師・児童）に、関心を焦点化するに至っていない状況、逆に焦点化している状況の詳細に着目するためである。授業冒頭から少し経った【場面1（a）】を見てほしい。

「教師の発問・指示」―「児童の応答」のセットで構成され、1つの場面として区切ることのできる連鎖は、「理科」の一時限において少なくとも10回以上観察できた。そのうち【場面1（a）】は、①の指示が②で「通った」ことが、③10T「そしたらさ、……」という教師の反応によって観察できる。

【場面1（a）】焦点化への準備
＊凡例：T：教師、S：児童、（　　）：ふるまい等の注記
01　T　：（実験用具配付：豆電球・ソケット・電池）
①02　T　：さあいい？　そしたらまだ手は止めますよ。
03　S　：（ざわつく）
04　T　：はい手を止めたまま前向いて。
05　S　：（ざわついたまま）
06　T　：はい、手はひざ。
07　S　：（ざわついたまま）
08　T　：手はひざー。
②09　S　：（ざわつきが収まっていく）
③10　T　：そしたらさ、
　　　　　　先生さっきさちゃんと豆電球がついたと思うんだけど、今日はみんなにどうやったら明かりがつくのかなということを……

この①―②―③をIRE連鎖と呼ぶこともできるかもしれないが、ここでの関心は、02T～08Tまでかけた準備が09Sにおいて「完了」し、③10Tの後半の発問への「焦点化」がなされた場面であると観察できる点にある。10T「そした

らさ，」と次の行のあいだ（あるいは09Sと10Tのあいだ）には，実際の相互行為や録画資料には引かれていない線を引くことができそうである。つまり，「児童の集中」を検討するには，「集中」の有無が直接現れるやりとりよりも，その直前の段階が重要そうであるのだ。

　このように，「焦点化」を軸として教師—児童間の1時間の相互行為を区切り，分類してA教諭に提示し，「焦点化」の成功時・失敗時の特徴を一緒に検討する臨床的実践を試みようとした。だが，このようなトランスクリプトは一般的に評判が悪い。そこで試みたのが教師にとってなじみ深い「学習指導案」形式での記述（【場面1（A）】）である。録画のデータ化が，授業を対象化するためにいかに有効かを共有してもらうために，丁寧に眺めていただきたい。

　この表は，縦の列は「開始（Initiation）」と見なせる主に教師の発問・指示と，それに対する「応答Reply 1」と見なせる児童の言動。そしてこの児童の言動に再応答する「再応答Reply 2」（主に教師）からなり，右欄に「焦点化」を中心とした観察事項を記載している。横に進む行の最後が「教師の発問・指示」—「児童の応答」を区切り，次のやりとりに進むことを示す地点である。

【場面1（A）】 学習指導案形式での「焦点化」の例示

＊凡例：T：教師，S：特定できない児童，英小文字2字：児童名，（　）：ふるまい等注記

場面と時間	内容	開始Initiation 主に教師の発問・指示	応答Reply-1	再応答Reply-2 活動の区切り	観察事項
【0】2:30	導入	T豆電球点灯提示 教卓の方へ出る指示	関心を持って前方へ		
7:15		T実験用具説明（豆電球・ソケット・電池）			
【1-1】9:33	発問前	T「さあいい？　そしたらまだ手は止めますよ。」「はい手を止めたまま前向いて」	S（ざわつく） S（ざわつく）	T「はい手はひざ」 T「手はひざー」	次の活動への焦点化の準備段階
【1-2】	発問	T「そしたらさ，先生さっきさ，ちゃんと豆電球がついたと思うん	ki君「普通に考えたら思いつくと思う」 S「普通に考えたらそん		焦点化○ ki君の不

2．授業への「焦点化」問題　　105

		だけど、今日はみんなにどうやったら明かりがつくのかなということを考えてほしいんだけど」	なの…」ki君「だってさ！電池に電気が入っているってことは（略）だからふつうにつければいいんだよ」	T「ふつうにこうやってつければいい？　じゃあ今日やってみてね」	規則発言を効果的に回収し、焦点化を維持
		T（豆電球ソケットと乾電池を板書）	ki「じゃあ今からやってみるよ！」	T「まだだよ。」	全体にも釘をさす
【1-3】	板書・書き取り	（板書が続く）	S「先生ノートに書くの？」	T「書かなくていいよ、あ、書こう書こうやっぱり。ノート出して」	焦点化の「ぶれ」。引きずる。 ↓ ↓ ↓ ↓ ↓ ↓ ↓ ↓ ↓ ↓ ↓ ↓
		T「ノートに書こう。箱横おいて、ノート出して。狭いと思うけど」	（全体ざわつく） ki君（さわぐ） （各所ざわつく）	T「ノート出して、って言ってんの。ノート。おーい、ついてきてない人ついてきて。」 T「ねえうるさい。」	
			S「先生、問題ですか？」→①	T「問題じゃなくてノート［に］」	
		T「いい、乾電池と、豆電球を、」（板書）	S「豆って漢字？」→②	T「うん豆漢字で書けるでしょ。この前授業で……」	
		T「豆電球を、どのようにつなげば明かりはつくのでしょうか」	ka君「ねえおかしくない？　あんなでっかい」 ya君「うっせ、うっせ」→③	T「あのねえ、今話す時間？」	
			S「これやりすぎると電池なくなると思う」→④	T「ねえ、（　）さん、おかしいよ。ねえ」	

（以下省略。本時終了場面【10】まで続く）

　上記は、場面【10】まで続く1時間の授業のうちのほんの一部だが、このようなデータ化は一定の労力を必要とする。「実践」が仕事の教師にとってそれは容易、あるいは必要な作業ではないが、研究者にとってはそれが仕事であり、まずは「授業の対象化」という「役立ち」が可能である。

　さて、【1-2】「そしたらさ、」以降では、児童の不規則発言を効果的に回収し、「焦点化」を維持しているとまずは言えそうだ。「児童が集中できていな

い」という観察者の印象のあいまいさは、ひとつひとつ確認してみると、こうして「焦点化」の維持がなされることもあることが確認できる。だが、次の【1-3】からあらたな展開を見せるのである。

（4）「焦点化」困難な場面

　【1-3】は、焦点化の「ぶれ」を引きずった場面である。【1-2】でノートテイクに関する指示はとくになかった。それでも状況を見てノートテイクできる児童の方が大半であったが、【1-3】前半の「書かなくていいよ、あ書こう書こうやっぱり」と指示が「焦点化の準備なしに」出されると、このクラスでは「引きずる」。そして教室は「自由な発話」が許容される空間へと変貌する。

　ここで「自由な発話」とはどちらかといえば否定的な意味で使用している。①「先生、問題ですか？」という質問が生じるのは、教師の問題としては「書かなくていいよ、あ、書こう書こうやっぱり」と指示が変わる点に一因があり、一方児童の問題としては「ノート出して」とくり返し指示されているにもかかわらずそれを聞けていない点に一因がある。

　ここで注目したいのは、「不適切」な疑問を教師が生じさせた、あるいは児童が疑問をもったことそれ自体ではない。むしろ学校の日常生活において聞き損ねることや疑問をもつことはあって当然である。問題は、全体に向けて話す教師に児童が個別に質問することが許容されている点にあると言えそうだ。

　①では、教師の指示がひと段落した時点で「先生」という呼びかけのもとで「公的な」質問がなされている。しかしながら続く②では、「豆電球」という字を板書しようとするまさにその瞬間に、「豆って漢字（で書くの）？」と質問されるのである。そこには教師への呼びかけもなければ、「ですか？」と公的な発言としてなされる様子もない。数秒待てば板書されることも予想できるし、まずは隣前後に小声で聞くという方法もある。しかし、この疑問が教室後方にまで聞こえるように発せられるのにためらいはない。③は教師にというよりは隣前後に向けてであるように聞こえるが、やはり教室後方にいる観察者に聞こえるように発せられ、④では、ノートテイクを早く終えたからか、「これやりすぎると」と早々に実験を始めようしていることが「公言」される。

一般的に、学級では児童によって教師の指示を聞いて理解する力、ノートテイクの速さなどに開きがあり、一斉に活動を始め一斉に終わることは望めない。これは自然なことではあるが、個々人の事情は、もし表出するとしても、学級で一斉に「ある活動がなされている」という規範的な状況の背景に退かねばなるまい。この暗黙のルールは、「授業への焦点化」がなされている状況、言い換えれば、同じ授業時間のなかでも「公的な時間帯」には３年生であろうと遵守できる（【1-1】【1-2】）。一方、時間の性質が「私的」な部分に寄り、「焦点化のぶれ」が生じると、途端に「集団」から解き放たれた児童個々人が、教師の前に立ち現れることになるのである。

（5）「ほめること」の意味をあらためて考える

　本時の「分析」はさらに続くのであるが、次は、明らかに児童の集中力が途切れた次の４時間目に焦点化規範を再構築しようとA教諭が工夫する様子を、再び学習指導案形式にて共有したい。まずは次の表をみていただきたい。

　４時間目を迎え、３年生の集中力は明らかに限界に近づいていた。そのなかで「焦点化」が十分にできないまま授業は進む。【11-2】では、開くべき教科書ページを指示するのではなく探させて「早い！」とほめ、事態を打開しようとしている。その後板書に入り、ざわつきながら時間は進むが、いよいよ本時のグループ活動に入るにあたって、16分頃の【12-1】から、状況を立て直そうとする様子が観察できる。【12-1】では、他の場面と比べて、みずからの指示に対する児童の応答を頻繁に高評価し、立て続けに児童をほめている。

【11】【12】 ４時間目「国語」（「食べ物のひみつ」を素材ごとに考える）					
場面と時間	内容	開始Initiation 主に教師の発問・指示	応答Reply-1	再応答Reply-2 活動の区切り	観察事項
【11-1】 1:40	発問	T食べ物がすがたを変える様子を説明してほしい旨、発問	S（集中が途切れている様子）	S「静かにしてください！」 （教師による局所的注意も有）	「焦点化」不十分
【11-2】 6:50		T「教科書開いてください」	S「何ページ？」	T「何ページか探してください」×３回	活動の焦点化に向けて工夫

第7章　新任教員の「困難」をめぐる臨床研究の実践

			S「39！」	T「早い！」	
		T「39ページです。どんなところがポイントだったっけ？」(略)	S（やはり疲れている様子）	T（その様子に取り立てて注意せず。）	
【12-1】16:05	活動への指示	T「書けた人は（　）してください」	（まだ焦点化崩壊状態）	T「名前書けたら前を向く」 T「suさん◯！」 T「hoさんいい姿勢！」 T「（　）さん、目が合った！」	「立て直す」場面 ki君など、個々の児童は焦点化させられないが、クラス全体に、この場面の焦点化規範を達成しようとしていると観察可能
【12-2】		T「そしたら、じゃあ、教科書の40ページ開いてください。40ページ」	（ページを開く活動へ焦点化）	T「見てる？　40ページ」	
		以下省略			

　この「ほめる」というありふれた教師の指し手に着目したい。児童の自己肯定感を高め……といった論点などではないし、ほめるべきだからという説明でも満足しにくい。この指し手の相互行為上の機能についてである。

　まず、「ほめていること」を他の児童に聞かせているようにみえる。そして、この指し手は短く連続しても効果が薄れるどころか、むしろ集団として効果を蓄積できるようにみえる点を指摘しておきたい。個への「叱責」「注意」には時間がかかるだけでなく、「個」への指導になってしまいがちであるが、「ほめること」はその逆であるように観察可能なのである。焦点化規範の構築にとって「ほめること」が果たす機能について検討を深める余地は大きい。

3. 研究と実践の往還

　こうした「分析」をA教諭と一緒に検討し、その後研究会で議論した内容についても後日検討を重ねた。以下ではその一部にふれつつ、「A教諭の困難」を探究するという形をとった「臨床研究の課題」について考えたい。

（1）「焦点化」をめぐる分類の臨床的意義

　「たった1、2時間の授業を外部から参観しただけ」で何がわかるのか。この批判はもっともだが、重要なことはA教諭にとっての意味である。録画資料を「焦点化」の観点から対象化した実践に対してA教諭は次のように述べる。

　　今の時点で、私は「これがIで、Rで」というようにとらえることができていないと思いました。同時に、私自身が「IREをきっちりと使い分けている」という感覚をもてるようになるだけで、変わっていく部分は大きいと思いながらビデオを見ていました。（略）場面の開始時に注目してみると、何かが言えそうだということがわかったので、そこを自分なりに考えてみたいとも思いました（A教諭2015年12月研究会後のふり返り資料より抜粋）。

　観察者の「分析」に対し、A教諭はみずからの実践に活かせる点を能動的に探索する。その前向きな姿勢に頭が下がる一方で、前節までの「分析」は、実は筆者自身にとって不全感の残るものであった。「単に児童の側、あるいは教師の側のいずれかに問題を帰属するだけでは済ますことのできない詳細が含まれている」という直感から導入した「焦点化」概念は、教師が児童に「焦点化」させるだけでなく、児童自身が授業内容に「焦点化」する状態、さらに、クラス全体がみずから「焦点化」するに至る状態をとらえ、教師とともに努力する児童の姿や力も視野に入れたかったのである。

　児童はまったくの白紙で教師に指導されるだけの存在ではない。たとえ小学3年生であっても、それまでにも学ぶ機会があったはずだ。もちろん、1、2年時の担任教師に問題を帰属すればよいというわけではない。児童の力を発揮できる状況を構築するのもまた教師の力量ということになるのかもしれないが、たとえ教師が状況を作り出したとしても、結局は児童の側に力がついていなければ産み出すことのできない時間。それを「焦点化」という視点から明示することが、この臨床的実践の課題の1つであったはずなのだ。

(2)「焦点化」と「注意」

　この課題の達成を一歩進めるべく、再び、教師の力量問題に見えた場面に言及しよう。このクラスでは、ノートを忘れたら決められた用紙にノートテイクする決まりであったが、tu君は自由帳のようなものにノートテイクしていた。それに対する注意、いや、あえて書くならば「叱責」場面である。

　観察者はその「叱責」に驚き、当初は「教師の問題」として考えていた。授業後に指導教員のＳ先生から聞いた言葉もまた、それを裏づけるようにも思われた。「最近叱責が多く、今日はむしろ少ないくらい」、「子どもたちは怖がっている」、「叱るというよりも叱責している、そしてイライラしているような印象を受ける」という。Ｓ先生の言葉をＡ教諭に伝えたところ、「かなり衝撃的でした」との反応であった。「イライラ」して「叱責」しているつもりも、「怖がらせている」つもりもない、とのことである。

　だが、Ａ教諭との２度のディスカッション、そして２度目の授業参観、給食時の会話など、ほんの少しtu君やこのクラスを知るだけで、この場面に対する観察者の理解は変わっていく。tu君の特性を簡潔に表現するならば、できないわけではないがお調子者で、いろいろなことに注意が向かい、少し注意しただけではどこ吹く風、といった特性が見てとれるようになったのである。また、tu君をはじめ、上の場面で問題となったルールを、このクラスでどれだけ重要なものとして位置づけているのかについての理解も深まれば、「注意」の意味もまた筆者のなかで更新される。こうして、この場面の表面的な「問題性」は観察者にとって変化していくのであるが、同時に、観察者とＡ教諭、つまり〈われわれ〉のあいだでもより根本的なテーマへと「展開」することになる。

(3) 教師の「属人的権威」から「学級社会の権威」へ

　指導教員のＳ先生は、Ａ教諭に対する着任時の指導として、児童とは「縦糸」「横糸」の両方を紡ぎ関係を編んでいくべきと話をしてきたという。「縦糸」＝「指導を通すためのしっかりとした上下関係」はできているが、「横糸」＝「児童と笑いあえる信頼関係」を築くのが課題とのことであった。

　だが、「教師─児童」関係の「縦糸」をこのようにとらえてしまうと、教師

の権威が人に属するかのように誤解されるおそれがある。É. デュルケムが『道徳教育論』（訳書 2010）で論じた「規律」論を簡潔に述べるならば、教師の権威は属人的なものであるべきではない。学級という「社会」の力こそが重要である。

「教師は、規則を彼個人がなせる業としてではなく、教師がじつはその制作者ではなく代行者にすぎぬところの、超越的道徳力として示すことに努めねばならない。規則は子どもたちと同様に教師の上にも課せられること（略）を、教師は子どもたちに正しく理解させねばならない」（デュルケム，訳書 2010, p. 267）。

　学級のルールとは、単に先生個人がそうさせたいことがらであると見なされたり、それを破った時には先生に謝るべきである、と見なされてはならないと言い換えられよう。「叱責」に対する〈われわれ〉の理解が「変化した」と述べたのはこの問題である。ルールを守れなかったのはたしかにtu君であったが、よく考えれば隣のQさんはなぜそれを指摘しなかったのだろうか。気づかなかったのかもしれないが、注意されているあいだ、後ろのka君は必要な用紙を差し出してくれていた。3年生は十分に気づける。なぜ、隣同士や班のメンバー皆でルールを守ろうとできないのか。「先生に言われるから守る」という段階なのかもしれない。A教諭はその後、ルールを守る意味を属人的権威から引き離して考え、（デュルケムの議論から離れていくかもしれないが）児童に考えさせる。

　実際に次週から「何でこうしなければいけないんだっけ？」（例えば、教師の話を聞くときは黙って教師の方を向く、発言するときに手を挙げる、など）ということを児童に問いかけてやっていきました。子ども達から「ルールだから」という声がありましたし、「じゃあ何でそういうルールなんだったっけ？」とルールの正当性を問い返してみました。「先生がいつも言っているよね」から「みんなで決めたことなんだよね（先生がさせたいのではない）」というところへの転換はしていこうと試みています（A教諭2015年12月研究会後ふり返り資料より）。

(4)「ルール」の力の具現化へ

「焦点化」、そして「叱責」に関する〈われわれ〉の検討は、授業場面で「ルール」に力をもたせるA教諭の実践へ展開する。このクラスは少し疲れてくると教師や児童の話を聞くことができない児童が少なくない。「人の話を聞く」。このルールを徹底させるための実践にA教諭が取り組み始めたことが、2度目の授業参観（2月）で観察できたのである。

それは「人の話を聞く」前にむしろ児童の発言の方を学級全体に向ける試みである。児童が発言する際には体を学級全体に向けさせ、終える際には「どうですか？」と問うようにしたのである。筆者たちとのディスカッションでは、A教諭にデュルケム『道徳教育論』の関連箇所を提示したものの、やり方まで書かれているわけではない。この方式自体はそれほど珍しいものではないが、問題はそれに込める意味であり、みずから考えトライするA教諭の力に驚くこととなった。デュルケムの規律論を相互行為的に展開させたのである。

もちろん、「どうですか？」には「同じです」がルーティンとしてくり返されがちではあったが、A教諭はたびたび「本当？」と問い直す。そのうちほぼ全員が「同じです」と返答するのに抗して、「少しだけ違います！」と毅然と異議を唱える児童の発言には感動さえさせられたのである。この時、教師がそうさせようとせずとも、学級はみずから授業に強く「焦点化」する。

4. 現実理解の協働的達成へ

「特定少数の児童の問題」というA教諭の認識と、「児童を授業に集中させていない」という観察者の印象。この相違は一定の人間関係のもとで共有可能になったものの、観察者の印象はいく分指導的であっただけでなく、もしA教諭が反感を抱いたならば「的外れ」な指摘となった可能性もあったように思う。「全体に向けて話している教師に、児童が個別に質問することが許容されている点」が問題である（2.（4））のは確かとしても、重要な発問時でもない時間の自由さはむしろ大切だとさえ言える。しかし、これまでの展開を経て、A教諭は学級の「ルール」の力を高めようと実践を展開させ、筆者としても次の

ように認識を展開させつつある。

「少しだけ違います！」という発言によって学級が授業に「焦点化」した事態に象徴的に表れているのは、授業とは教師が独りで行うものではないということである。筆者を含め教師の実感としては当たり前だが、教師と児童がともに創り上げるものとしての授業の一側面に研究の視点からふれることができたおかげで、その実証的な記述を深めるというあらたな課題を得た思いである。

さて、授業場面の分析的理解は問題を教師に帰属しがちであり、教師からすれば不本意で的外れな指摘になりうる。その一方で、教師が行う「児童理解」もまた、語義として教師が行うものである点ですでに、問題を児童に帰属しやすい活動である。ともに理解の暴力性を孕んでいるが、本章は、理解の対象（A教諭）とともに「現実」を理解しようとすることで、理解の暴力性に抵抗しようとしてきた。その意味はA教諭のキャリアとともに再構成されていくはずであるが、「児童理解」についても示唆を与えうる。児童も理解の客体としてのみならず、ともに生活し現実を構築する主体として教師と協働できるならば、教師による児童理解とは別の理解が立ち現れてくるかもしれない。

学校で日々過ごす「現実」をどうとらえ、児童をどう「理解」するか。それは授業をはじめとした場面に埋め込まれているとともに、その後の遡及的解釈によって不断に更新される。そこに研究者が少しばかり関わったことでどのような意味が生じたのか。授業への「焦点化」という課題は観察者から提示されたものであったかもしれないが、それを「ルールの問題」へ展開したのは、長時間のディスカッションに基づく協働の結果であった。その意味では、単に研修を「受ける」より、教員が「みずから学び続ける」姿に近いのではないか。

ここまでをA教諭に読んでもらい、あらためて話をしてみたい。（間山　広朗）

〈引　用　文　献〉

Durkheim, Émile, 1925, L'Éducation Moral, Librarie Félix Alcan.（＝2010, 麻生誠・山村健訳,『道徳教育論』講談社）.

Mehan, Hugh, 1979, Learning Lessons: Social Organization in the Classroom, Harvard University Press.

第3部　児童に向きあう・学級に向きあう
各章ガイド

　ある人物について考えたり話したりする時、私たちはその人のエピソードをいくつか見繕い、つなぎあわせて「こういうひとだ」と認識する。本来無限にある出来事のなかから一番しっくりくるものを選び出し、解釈を加え「そのひとらしさ」というものができあがる。これが「物語る」という営為の基本といっていい。私たちは「物語る」ことで世界に意味秩序を生み出し、生きているのである。そしてこの視座は第3部の核ともいえるものである。

　まず第8章は「ナラティヴ・アプローチ」を学校現場に応用した貴重な実践例である。人は誰かを「教育」する時、好ましくない事柄を指摘しその改善を求めることがある。その場合「問題」の所在を「性格」に求めるのは自然なことであり、たいてい人は「問題」を誰かに「内在化」する。だが教師の指導によりS君の「性格」に問題があるという認識が学級内で共有されてしまうと、「困ったS君」物語がつくられていく。その方法で改善されるならばそれに越したことはないが、同じ注意がくり返されていくうちに、学級内であれこれとS君が「問題」に感じられるようになっていたら、「好ましくない物語」がこつこつと紡がれているのかもしれない。なにしろ教師は学級でもっとも力のある「語り手」なのだから。しかしそれが「ヤダッター」という怪獣のせいだったらどうか。それは彼の中身の問題ではないし、みんなでやっつけることができるものかもしれない。これが「問題の外在化」である。そしてもし「やっつける」ことができたならば、それはクラスのなかであらたな「物語」となるのではないか。これは突飛な発想のように思えるが、こうして「問題」を外部に想定し対処するということを伝統的に人間はしてきたし、実は今でも行われている。お祓いなどがよい例だ。同様に「問題」を指摘し「解決」しようとするのではなく、個人の外部に据えて人々の認識世界から「解消」するという方法があるかもしれない。小学1年の学級を舞台に、本章はその可能性を示している。

　一方第9章においては困っているのは「Aさん」だが、その事態が学級のなかできちんと共有されていないケースが扱われている。彼女と複数の児童をめぐる関係性は筆者である教師にとっては「いじめ」といえるものであったのだ

が、当の児童たちの認識はまちまちである。ではどうするか。教師が問題と感じている事態を「いじめ」とし、Aさんを中心とする「いじめ物語」を学級内に打ち立ててしまうのだ。ここでの教師は「Aさんをめぐるいじめ物語」の監督・プロデューサーといったところだろうか。そしてそれぞれバラバラの「物語」を生きていた児童たちを、ひとつの「物語」の聞き手、さらには登場人物へと巻き込んでしまうわけである。もちろん学級内で「いじめ物語」が支配的になることには、大きなリスクがある。「物語」をつくり上げるということは、役回りを割り振ることにほかならない。以後その「物語」における中心的な児童たちは「いじめ加害者・被害者」の立場を強力に与えられてしまい、むしろそのレッテルから抜け出しかねなくなるからだ。経験豊かな実践者である筆者はこのリスクを十分に理解したうえで緻密な戦略をたてて臨んでいくのである。

　最後に第10章であるが、これは一転して学級内で「物語られていない」ケースを扱ったものである。「物語られていない」という認識の背景には「物語られるべき」ことがあるという強い価値判断があり、それは筆者を含めた外部の調査者たちによるものであった。Aさんをとりまく「見えない壁のようなもの」は、おそらく学級内においても十分感じられていたと推測できる。だが観察された場面を見るかぎりでは、それは誰からも「語られない」。本章が素材とするのは、そういったY学級に対する調査者たちの「おかしい」という「語り」であった。「外部者」はある集団内で自明となっていることを相対的にとらえ、時によっては無効化・解体しうる存在となるのではないか。際立って「物語られない」日常風景のなかのいびつさに対し、その解体を言外の振る舞いから試みる。この「外部者」と「統制者」を兼ねた立場に立てるのが教師ではないかというのが本章の暫定的な結論である。

　以上のように各章に通底するのは、「物語」という視座を教育実践に導入することの意義である。誰が何を「問題」と感じ語るのか―語らないのか。その語りがどのように引き受けられるのか―引き受けられないのか。第3部では、学級という小さな社会において、教師や児童が織りなす「物語」のダイナミズムに着目することの意義が示されている。

（稲葉浩一）

CHAPTER 8

児童のトラブルをめぐる
ナラティヴ・アプローチ

■ 1. ナラティヴ・アプローチとの「出会い」

（1）「問題の外在化」

　本章は、私が担任する小学校のクラスで起きた出来事に対して、ナラティヴ・アプローチの視点から行った教育実践の報告である。まずはこのナラティヴ・アプローチについて、臨床場面での実践である「ナラティヴ・セラピー」を通して確認し、私自身の教育に対するスタンスを示していきたい。

　学生時代、私は「自己の社会的構築」に目を向けるなかで、家族療法における新しい実践、「ナラティヴ・セラピー」と出会った。すでに多くの紹介や研究がなされているが（Mcnamee & Gergen訳書 1992、小森・野口・野村 1999等）、その特徴を小森・野村（2003, p. 5）は「科学が扱ってこれなかった人の人生の意味に着目することとそれを物語的手法で理解しようとすること」と表している。ここではその具体例として、オーストラリアの臨床家M. ホワイトの「ずるがしこいプー」の事例（White & Epston訳書 1992）から、「問題の外在化」というアイディアを紹介したい。

　ホワイトのもとに、両親によって連れてこられた6歳のニック。彼には、「何人かのセラピストによる治療も含め、問題解決のためのすべての試みが徒労に終わった遺糞症の大変長い歴史があった」（同掲書 p. 64）。「事件」や「事故」は毎日のように起こり、大抵、下着に「めいっぱいの作品」が残っていた。また、「それ」で壁に筋をつけたり、丸めてボールにしたり、食卓のテーブルの裏に塗りたくったりしていたという。

　ニックとその家族にとってのこの「問題」に、ホワイトは、「ずるがしこいプー」というあだ名をつけることで、「問題」をニックから切り離し、外在化していく。この「問題の外在化」を、野口は次のように説明する。通常私たち

117

は、何か問題が起きた時に、その原因を探そうとする。たとえばある個人の性格や特性、心理といった内面に原因があると考えたり、あるいは社会や制度、環境といった個人の外に原因があると考えたりする。前者は問題の原因を内在化し、後者は問題の原因を外在化しているといえるが、ホワイトの「外在化」はそうした「原因」を考えない。『問題の原因』ではなく、『問題そのもの』を外在化」しているのである（野口 2002, p. 72）。

　ホワイトはさらに、プーがニックとその家族の人生や人間関係にどのような影響を及ぼしたかを彼らに質問していった。彼の質問によって、「問題」からニックたちが受けた影響が語られるようになり、「問題」とそれによる影響が区別され、「問題」は何かということが明らかになっていった。これをホワイトは「影響相対化質問法」と呼ぶ。それまでは、ニックの「事件」や「事故」と、家族がぎくしゃくすること、あるいはニックが学校でうまくいかないことなどが、すべて問題として語られ、何をどうしてよいかわからない状況であった。しかし、「問題」に「プー」というあだ名をつけ、その「プー」によってどのような影響を受けているかを「マッピング」することで、問題はニックでも家族でもなく、プーと呼ばれるその問題自体（つまりトイレ以外の場所で用をたしてしまうこと）が「問題」である、ということが明確に語られるようになったのだ。

　ホワイトが質問を続けていくなかで、ニックや家族が、プーによって影響を受けなかった出来事が語られるようになった。そのような出来事をホワイトは「ユニークな結果」と呼ぶ。それまでの「いつもプーに振り回され困惑していた」彼らではなく、「プーに対抗し、振り回されることのない」彼らの姿が語られるようになったのである。

　「ユニークな結果」が語られるようになったということは、「問題と人々との関係」が変化したことを意味している。ホワイトは、問題に対する人々の関係が、その問題を存続させ続けることも解消させることもあることに着目している。先ほど「問題の外在化」は「問題の原因」を考えないと述べたが、まさに「原因」を探しなんとかしようとすればするほど、問題と関わり続けることになり、問題が問題として存続し続けてしまうということが起きているのだ。

ニックたちにとって、「原因」を探し続けることは、出来事を「問題が染み込んだストーリー（ドミナント・ストーリー）」としてしか語れないことだった。しかし、「問題の外在化」によって語られるようになった「ユニークな結果」を通して、「問題」に対抗し、二度と「プー」の支配下に落ちないという「新しい物語」（オルタナティヴ・ストーリー）を語ることができるようになったのだ。ニックは「もうプーには二度とだまされないこと、友だちにならないこと」、母親は「プーに惨めな思いをさせられるのを拒否すること」、父親は「プーとのトラブルを同僚に語ること」を考えるようになった。その後ホワイトに再会するまで、ニックはたった１回小さな失敗をしただけだった。こうしてニックの「遺糞症」、すなわち「ずるがしこいプー」は、影を潜めていったのである。

　新しく語られ始めたニックとその家族の物語に対し、ホワイトは「手紙」や「認定証」により、彼らの新しい「人生の物語」を、一時の偶然の出来事としてではなく、それ自体たしかな出来事として認めていった。「人生の意味」とは、「私は何者で、どのように生きてきて、今どのように生きているのか」を語ることでもある。そのように「自己」を語る時、私たちはおのずと「物語」の形式をとる。なぜなら、自分が生きてきた人生、あるいは今ある自分というものを表すには、さまざまな出来事に意味を与え、関連づけ、物語として紡ぐことが必要だからだ。「私」のある一部分、たとえば好きな食べ物であったり、趣味であったり、あるいは身長や体重などを個々にならべていったとしても、「私」という存在を表すことはできない。「物語」の形式で「私」を「語る」ことで「人生の意味」が立ち現れ、「私」という存在がたしかなものとなる。そのためには、「人生の物語」を（本人の「一人語り」とするのではなく）、聞き入れ、認めることができる相手が必要である。ホワイトはその意味でセラピストとしてのみずからを「人生の共著者」と呼ぶ。ホワイトのナラティヴ・セラピーは、「人生の物語」をセラピストとクライエントがともに語り、「再著述」していくことで、新しい人生、すなわち「問題」に縛られていない人生を生み出す実践なのである（Epston & White訳書 1997）。

　このように、自己や出来事、人生の意味に対し「語り」や「物語」の視点か

ら迫る方法は「ナラティヴ・アプローチ」と呼ばれ、近年、医療、福祉、教育カウンセリングといった臨床場面でさまざまな実践が行われている（Winslade & Monk訳書 2001など）。小学校の教員となった私がこの「ナラティヴ・アプローチ」から受けた影響は大きい。それは児童との関係の築き方に現れていると思う。学校は、子どもたち一人ひとりが、自分自身の人生の物語を語れる場であってほしいと願い、教師としてはそのひとつひとつの言葉に耳を傾け、物語をともに語る存在でありたいと願っている。

（2）ナラティヴ・アプローチを「書く」ということ

　ところで、冒頭で述べた通り本章は「ナラティヴ・アプローチによる教育実践の報告」であるが、それはどのように記述されるものだろうか。たとえばある授業の実践報告は、多くの場合、授業を行った教師があとからふり返りながらまとめたものである。その時記述されることは、授業で起こったことのすべて（たとえば、児童・生徒の雑談を含めたすべての言葉や、教師の一挙手一投足など）ではない。そこで起きた出来事を取捨選択しながら構成し、1つの実践報告としてまとめられる。つまり実践報告とは、それ自体1つの「物語」の形式をとっているのである。そこに報告者（教師）自身のその実践に対する考え方が大きく反映されることはいうまでもない。「ナラティヴ・アプローチによる教育実践の報告」はそれ自体が「教師の物語」である。だからこそ、ここまで示してきたように、「教育実践」の「著者」である教師自身がどのような思いをもって、あるいはどのような「ものの見方」でその実践を行ったのかを明らかにすることは重要だと考えている。

　ただしこのことは、同じ出来事でも別の教師が語れば別の「物語」（異なる実践報告）が生まれる可能性を意味している。それではいつまでたっても「事実」が何かがわからない、と思われるかもしれない。しかし、バーガーとルックマンも述べるように、私たちにとって「現実」とは、常に相対的、多元的な意味をもつものとして現れるのであり、ある1つの意味をもった絶対的な「事実」として「存在」するのではない（Berger & Luckmann訳書 2003）。「現実」は、人々の相互作用によって、とりわけ言語によって語られることで「存在」

する。それは、誰によっても変わることのない絶対的な「現実」ではなく、その意味づけによって違う形で現れるという相対的な「現実」なのである。

　こうしたことを受けて、本章における「教育実践の報告」は、ある出来事を「客観的に」分析し、「客観的に」記述したものではない。この実践記録自体、「私の物語(ナラティヴ)」である。しかしもちろん、個人的な体験を伝えたいわけではない。本実践報告を通して、クラスで起きたトラブルへの向きあい方としての1つの姿勢を提示したい。それは、「心に目を向ける児童理解」や「教師が『問題児』の行動や考えを変える児童・生徒指導」とは異なる、新しいスタンスと言えるはずである。

2. トラブルへのナラティヴ・アプローチ

(1) Sくんへの「苦情」

　4月に入学した1年生が徐々に学校生活に慣れ、クラスも落ち着いてきた1学期の半ば頃、「学校の行き帰りにSくんにランドセルを開けられる」「Sくんがわりこみをしてくる」「Sくんがブランコを代わってくれない」という声がクラスの児童からあがった。

　子どもはさまざまなトラブルを経験することで社会性を身につけていく。トラブルの経験自体は児童の成長にとって必要なことである。同時に、いわゆる「いじめ」とならないよう、教師がいかに対応していくかは、学校において重要な教育活動の一つであるといえる。しかし私の見ているところでトラブルが起きることがなかったため、Sくんに直接的な指導を行うことが難しく、また、1年生ということもありうまく話しあうこともできず、ほかの児童からの一方的な「苦情」が出るばかりであった。

　Sくんの問題の行為自体たしかになんとかしなくてはならないと考えていたが、同時にSくんに「困った子」「迷惑な子」というレッテルが貼られ、彼の行動はすべて「迷惑なこと」とされる雰囲気になりつつあるクラスの状況は、放っておくことはできなかった。そこで私は、「Sくんが悪い」ではなく、「何が問題か」を明らかにすることで、Sくんにまつわるトラブルを「クラスの問

題」としてとらえていくことはできないだろうかと考え、まずは問題を外在化することを試みたのである。

（2）ヤダッター現る！

　生活科の時間に、クラスで「通学路でのマナー」を話しあったところ、数名の児童からＳくんのことがあげられ、それにつられるように教室や休み時間にＳくんから受けた「困ったこと」もあげられた。その内容は前述したようなことである。それらを私が黒板に書きながら、発言した児童に「その時どんな気持ちだった？」と尋ねると、「やだった」と答えたので、黒板に「ランドセルをあけられてやだった」「わりこみされてやだった」と書いていった。そして1つずつ「○○されて、やだったー」と読みあげていくと、児童からも「やだったー」の声があがった。そこで私は、「これは、怪獣ヤダッターの仕業かもしれないね」と、話を始めたのである。
　「怪獣ヤダッターは、ある日宇宙のどこかからやってきて、Ｓくんの体のなかに入り込んだんだ。そしてＳくんの体を乗っとったんだよ。ヤダッターは、人がいやがることをして喜ぶんだ。だから、Ｓくんの体を使ってみんなが嫌がることばかりする。しかも、それでＳくんが悪者にされると、ヤダッターはもっと喜ぶんだ。」
　まるでテレビのヒーロー戦隊番組のようなストーリーではあるが、1年生にとってはかえって受け入れやすかったのかもしれない。予想以上に話にのめり込んでいることを感じた。さらに、「ヤダッターはＳくんだけじゃなくて、他のみんなのなかにも入っていくかも」と付け加えた。
　もちろん、ここで児童が「怪獣ヤダッター」のことを本当に信じるかどうかということは問題ではない。重要なことは、問題を外在化する「物語」が共有されるかどうかである。実際、ここからは、「Ｓくんの困ったこと」ではなく、「ヤダッターはどんな怪獣か」が語られるようになったことから、「ヤダッター」という「語り方」が児童とのあいだで共有されたことがわかる。
　それは問題をすり替えているだけではないかと思われるかもしれない。たしかに問題は問題として依然残っている。ただし問題を「Ｓくん自身が問題」だ

とするか、「問題そのものが問題」だとするかでは、Ｓくんへの私やほかの児童の対応も大きく違っただろう。問題を外在化しＳくんと引き離すことで、その問題がみんなを困らせ、同時にＳくん自身をも、まわりの児童から責められ、友だちと遊べなくなり、困らせているということが明らかになった。だからこそ、Ｓくんもふくめ、クラスみんなで助けあいながらこの問題に向きあうことができるようになったのだ。

（３）ヤダッターをやっつけよう！

　続いて、私は子どもたちに質問をすることで、より明確にＳくんと問題を引き離し、問題そのものにどのように対応していくか、考えることにした。手始めに、「Ｓくんはヤダッターにいつも乗っとられているのかな？」と声をかけると、児童からは、「遊んでいる時はヤダッターはいないよ」「このあいだ、ごめんねって言ってくれた」「静かに歩いて帰る時もある」といった声があがった。次に、ヤダッターに乗っとられている時のＳくんの気持ちを考えてみる質問をすると、児童からはＳくんに対して好意的な、あるいは彼を擁護する発言がなされた。

　「Ｓくんにとってもヤダッターがいることはきっと『やなこと』だと思う。」

　「ほんとうはＳくんだってみんなと一緒に遊びたいのに、ヤダッターがいると、やなことしちゃうから遊べなくなっちゃう。」

　ふだんの授業の様子と違い、あちこちで手があがるわけではないが、何人かが遠慮がちに答えてくれた。まわりの児童はそれを静かに聞いていた。ひとまず、それまであったＳくんを非難するような雰囲気はなくなったように思えた。そこで最後に、「問題」をＳくんのものから、クラスのものへとするための質問を投げかけた。

　「そうだね。ヤダッターがいると、みんな困っちゃうけど、ほんとうはＳくんも困ってるんだね。じゃあ、ヤダッターをやっつけるにはどうしたらいいかな。」

　「みんなで楽しく遊んでいる時はヤダッターは来ないと思う。」

　「一緒に遊ぼうって言うといいと思う。」

「『いいよ』って仲間に入れてあげるといいんじゃない。」
「やなことをしてしまった時に、ごめんねって言えばいい。」
　これらのことを黒板に書いた後、大きく「みんなでヤダッターをやっつけよう！」と書いた。そして、ヤダッターをやっつけること、Sくんとクラスをヤダッターから守ることをみんなで約束して、その時間は終わった。
　その後の休み時間には、絵が好きな女の子に、ヤダッターの絵を描いてもらうと、そこには恐竜のようなヤダッター（1年生の彼女にとって怪獣も恐竜も違いはなかったのかもしれない）と、そのまわりには泣いたり怒ったりしている女の子や動物たちに並んで、笑顔の女の子が描かれていた。後日、この絵を見せながらクラスで次のようなことを話した。
　「この絵のなかの女の子は、『やな気持ち』になっていないし、『やな気持ち』にならない方法を知っているからこそ、にっこり笑っているんじゃないかな。みんながみんな、ヤダッターにやられてしまっているのではないし、いつもいつもヤダッターが「やなこと」をしているんじゃないよね。みんなで笑って楽しんでいる時もあるし、逆に言えば、怒るのではなく笑っていることで、ヤダッターをやっつけることもきっとできるよ。」
　この絵を通して、「ヤダッターをやっつけよう！」という言葉が、児童にとってより明確になったのではないだろうか。

（4）Sくんの物語からクラスの物語へ

　Sくんの「迷惑な」行為が語られるなかで、ほかの児童は「Sくんは困った子だ」という物語（ドミナント・ストーリー）に支配され、それゆえ、Sくんの行為はすべて「困ったもの」としてさらに語られていった。しかしながら、「ヤダッターの物語」が語られるなかで、Sくん自身が問題ではなく、ヤダッターがする「やなこと」が問題である、ということがまず明らかになった。さ

らに、Sくんはいつも（ヤダッターによって）「やなこと」をするのではなく、一緒に遊ぶことも「ごめんね」を言うこともできる、ということ（ユニークな結果）が語られるようになった。

　そこから、「Sくんの物語」が変わっていった。次々とSくんの「良いところ」が「発見」されたのである。クラスの児童のSくんに対する語りが、彼を非難する言葉から、彼の「良いところ」を見つけ、認める言葉へと変わっていった。彼にはロープ遊び名人、S天気予報士などの称号がついた。子どもたちの語りが、Sくんは「やなこと」をする困った子だという物語から、Sくんには「良いところがある」という新しい物語（オルタナティヴ・ストーリー）へと変わっていったといえるだろう。言い換えれば、「どうしたらヤダッターが来なくなるか」、つまり「やなこと」がなくなるにはどうしたらよいかということを考えていくことで、Sくんにまつわる「トラブル」が、Sくん個人の問題ではなくクラスの問題となり、それによってSくんに対する語りそのものが変わっていったのである。もちろんSくん自身も、その後も何度かトラブルはあるものの、以前のような大事には至らなくなり、毎日鬼ごっこをしてほかの児童と一緒に楽しく遊ぶ姿が見られるようになった。

　このことは、ホワイトと同じくナラティヴ・セラピーを実践するアンダーソンとグーリシャンのセラピーが「問題を正面から『解決せずに解消する』方向へ向かう」ということの意味を私に実感させた。彼らは次のように述べる。

　　「セラピーで扱われる『問題』とは、社会が作り上げた物語や社会がもたらす自己規定から発する何かであるが、それは、その人が人生の課題をうまくこなせない主体であることを〈自己物語〉を通じて暗黙のうちに伝えている。そこで、セラピーは、今までとは違う新しい物語が発展する場を提供して、『問題』を〈もはや問題とは感じない〉新たな主体となる可能性を拓く。そしてセラピーがうまくいった時、この新しい物語の主人公になることが、『自由』と解放を経験させる」（Anderson & Goolishian訳書 1997, p. 72）。

　まさにクラスのなかで、Sくんの「問題」が問題と感じられることなく、S

くんもふくめたクラスの新しい物語が生まれていったといえるだろう。

このことは結果として次の3つのことを生んだ。まず、トラブルが起きた時、誰かを責めるのではなく、児童一人ひとりがどのように対処していくかを考えることができた。そして、「ヤダッター」をクラスの「敵」とすることで、「クラス」の輪郭ができた。何よりも、教師が主導してトラブルを解決するのではなく、児童が主体となってトラブルに立ち向かうことができた、つまり児童が主体となる学級経営ができた。「Sくんの問題」から始まったことが、結果としてクラスの雰囲気をとても良くしていったのである。

3. 物語としてのクラス

セラピーにおいてセラピストが向きあうのはクライエントであるが、学校において教師が向きあう相手は、児童一人ひとりであると同時に、「クラス（学級）」そのものといえる。多くの場合、「問題」が起きた時、教師はその当事者に対して「注意する」「諭す」といったことをしながら、「気持ちの変化」「心の変化」を促そうとする。しかし、学校の「クラス」という場面において、トラブルは決して誰か1人の個人的な問題として起こっているわけではなく、トラブルへの対応もまた「個人」が担うものではない。クラス内でのトラブルは、トラブルに対するクラスの児童との「関係性」において生まれ、存続している。「関係性」をつくるものは、クラスのなかにある「語り／物語」（ナラティヴ）であり、それを変えていくことによって「問題」そのものに対応していくという姿勢が生まれてくる。「問題」に対してどのように語るかが、「問題」を存続させも「解消」させもする。ナラティヴの変化は、「問題との関係性」の変化であり、それにより「問題」も「解消」されていくのである。

その意味で、ナラティヴ・アプローチは、決して「空想の物語」を語ることではない。「プー」や「怪獣」といった外在化の手法にばかり目がいきがちだが、それは「問題」と個人が切り離された物語を導くための1つの方法であり、それにより、「現実」がどのように語られるかが重要なのである。教師自身が、ある問題をどのように語るかによって、教師や児童と「問題」との「関係性」

が変わっていく。問われることは、教師がどのような「語り方」をするか、教師自身の姿勢であるといえよう。教師の語り方が児童の語り方を変えることは十分にありえるし、語り方の変更こそが問題に対する新しい姿勢をつくり出す。ホワイトは次のように述べる。

> 「問題の外在化に関連した文脈においては、人も人間関係も問題ではない。むしろ、問題が問題となる。つまり、問題に対する人の関係が問題なのである」（White & Epston訳書 1992, p. 61）。

　ある児童を「問題児」とするのか、あるいは「問題こそが問題」とするのかでは、大きな違いがある。ナラティヴ・アプローチは、誰の非も責めることはない。そして、「問題」といかに向きあうかを、教師と児童がともに考えていくことを可能にする。ナラティヴ・アプローチによって、教師と児童がともに「物語」を「語る」場としての「クラス」が、生まれてくるのである。

　ナラティヴ・アプローチと出会った私が、小学校教員として歩み始めてから十数年が過ぎた。日々、試行錯誤の連続である。その試行錯誤の土台にあるものは「教育社会学」を通して得た視点だと言えよう。日々、多くの児童・保護者と向きあう教育現場では、「こうすればうまくいく」あるいは「こうあるべき」といったことだけでは対応できないこともある。こうした形式化は時に、「うまくいかない」教師や児童・生徒に「問題」を帰属させ、彼らを追い詰めるものにもなりうる。そうした時に、一度立ち止まり、たとえば「問題の語られ方」に目を向け、「人と人との相互の関係」に目を向け、「どうなっているのか」を問うことは、それまでとは違う視点からのアプローチを行う可能性を開く力となる。そして、新しい教育を生み出す力となるだろう。

　その積み重ねが、私たち教師と、児童・生徒の人生の物語となっていく。これからも一人ひとりの人生の物語に寄り添い、ともに歩む者でありたい。

（佐山　彰浩）

〈引用・参考文献〉

Anderson, Harlene & Goolishian, Harold, 1992, "The Client is the Expert: A not-knowing approach to therapy." McNamee, Sheila & Gergen, Kenneth J. eds. *Therapy as Social Construction.* Sage Publications.（＝1997,野口裕二・野村直樹訳「クライエントこそ専門家である──セラピーにおける無知のアプローチ」『ナラティヴ・セラピー　社会構成主義の実践』金剛出版, p.59-p.82）.

浅野智彦，2001,『自己への物語論的接近　家族療法から社会学へ』勁草書房。

Berger, Peter L. &Luckmann, Thomas, 1966, *The Social Construction of Reality: A treatise in the sociology of knowledge*, Doubleday.（＝2003，山口節郎訳『現実の社会的構成　知識社会学論考』新曜社）.

Epston, David, White, Michael, &Murray, Kevin, 1992, "A Proposal for a Reauthoring Therapy: Rose's revisioning of her life and a commentary," McNamee, S. & Gergen, K. J. eds. *Therapy as Social Construction,* Sage Publications.（＝1997，野口裕二・野村直樹訳「書きかえ療法──人生というストーリーの再著述」前掲書, p. 139-p. 182）.

小森康永・野口裕二・野村直樹編著，1999,『ナラティヴ・セラピーの世界』日本評論社。

─────編著，2003,『セラピストの物語／物語のセラピスト』日本評論社。

小森康永・野村直樹，2003,「ナラティヴ・プラクティスにむけて」,『現代のエスプリ』433号，至文堂，pp. 5-12。

McNamee, Sheila & Gergen, Kenneth, J. eds. 1992, *Therapy as Social Construction,* Sage Publications.（＝1997，野口裕二・野村直樹訳，前掲書）.

野口裕二，2002,『物語としてのケア　ナラティヴ・セラピーの世界へ』医学書院。

─────　2005,『ナラティヴの臨床社会学』勁草書房。

White, Michael & Epston, David, 1990, *Narrative Means to Therapeutic Ends*, W. W. Norton.（＝1992，小森康永訳『物語としての家族』金剛出版）.

Winslade, John M. & Monk, Gerald D., 1999, *Narrative Counseling in Schools: Powerful & Brief,* Corwin Press, Inc., Thousand Oaks, Ca.（＝2001，小森康永訳『新しいスクール・カウンセリング　学校におけるナラティヴ・アプローチ』金剛出版）.

CHAPTER 9
いじめ解決における「物語」構築実践

1. 「物語」と学級経営

　「学級経営をドラマティックに」。教職に就こうと決めた時から、ひっそりともち続けている私のスローガンである。そつなくこなす学級経営を目指さない。山あり谷ありの日々をドラマティックに乗り越えて、学級集団を特別な集団に高めていく。これはつまり、私が当初から集団に対するアプローチに「物語」を強く意識して臨んでいたということであり、集団を物語創出の場としてとらえてきたということでもある。

　人間は物語のなかに生きている。意味も価値も規範も実は流動的なものだという言い方はある部分では了解できる。しかし一方で、私たちは絶対的な価値を求め、物語のなかで生きることを望む生き物だ。学校・教師の役割は、ある価値を実現するため、児童一人ひとりに最適と思われる自己の物語を創出することだとも言える。そのような場で、誰かを不幸にする負の物語が創り出されてしまったならば、全力でその書き換えにあたることは教師の責務である。

　実際、教職経験のなかで、解決しなければならない「いじめ」に何度か遭遇し、その度に、どう対処すべきか悩み、解決に悪戦苦闘してきた。そのなかで、見えてきたことがある。いじめを「解決する」ということは、まず、いじめに関わる者たちの「いじめ物語」を構築し、その上で解決に向けて書き換えることなのではないかということだ。構築し、書き換えるとは、教師が、個々のバラバラなストーリーをつなぎ合わせ、1つの「いじめ物語」を事実として組み立ててみせ、児童一人ひとりを登場人物としてそのなかに位置づけるということ。そしてその上で、教師の働きかけにより、関わる者全員にあらたな「解決の物語」を与えていくということである。

　ここでは、教師（私）が意図的な物語の構築と書き換えを行った事例を取り

上げ、物語の書き換えによるいじめの解決の可能性について考察していく。

2. 「いじめ物語」構築のための素地作り
（1）いじめの発覚とストーリーの収集
○被害児童　　6年生女児　　Aさん

　5月、放課後にAさんの保護者から相談を受けた。「娘のバッグに誰かのDSゲームのカードが入っていた。返したいが、どうしたらよいだろう」という。しかし、話が進んでいくうちに別の事態が浮かびあがってくる。「実は4年生の時から嫌がらせを受けている。5年生の時担任に相談したが、廊下に数人呼び出して数分指導して終わってしまった。結局嫌がらせはなくならず、その後も続いた。6年生になってからも続いているような気がする。今回のことも関係があるかもしれない」ということだった。クラスの実態をまだつかめていない時期でもあったが、何より自分の学級ではそのようなことは起こらないはずという思い込みもあり、ひとまず様子を見てみると約束してその日は終えた。数週間後、本人の作文に「5年生の時にいじめが悪化し、クラスのほぼ全員から差別的扱いを受けた。6年生になってもやっぱり続いている、つらい」ということが書かれていた。後日、Aさんに確認すると、「やっぱり、今日も嫌がらせを受けました。転校を考えています」とのこと。担任としてようやく事態の深刻さを認識し、本格的に対策をとることを約束した。

　まず、Aさんに今まであったことを思い出してメモにしてもらった。次に、Aさん周辺の仲の良い子から話を聞いていき、メモの内容と照らし合わせて事実関係を正確にとらえるようにした。思い違いや隙があると加害側に反論の余地や逃げ道を与えてしまい、指導が混乱し、効果が失われる危険性があるからである。物語の全体像がはっきりしてきた後、学級への全体指導と平行して、加害側と思われる児童に個別の事実確認を開始した。

　Aさんの問題に対応するなかで、まず気づいたのは、「いじめ」に関わる者のあいだに、かなりの認識のギャップがあることだった。都合の悪いことは言いたくないという気持ちもあったかもしれないが、自分たちの行為を覚えてい

ない、「いじめ」と認識していない、というような言動が多々見られたのである。加害児童は多数いて、それぞれにとって自分が行った差別的な行為は点でしかない。だから、とらえ方もずいぶん軽いのだ。しかし、被害児童にとって、当然それは点ではなく、大きなうねりとなって自分に襲いかかってくる長期にわたる「物語」である。そのためか、Ａさんはいじめとは関係のない行為まで自分への仕打ちだととらえている部分もあった。「助けてくれる側にいるはずの子がほかの子と私のことを馬鹿にして笑っていた」など、当事者たちに確認するとまったく違う話題でのことであったり、他意のないからかいだったりした。誤解と思われるものは、話し合わせて早々に解消させた。

（2）「差別について考える」学級活動を通して

「いじめ」を解決するには、Ａさんの味わった「物語」を学級の児童に共有させ、自分たちの行為の意味をあらたに認識させることが重要であった。学級全体を指導対象としたのは、大問題であるという認識をもたせたいというねらいと、1つの「物語」を全員で共有し、全員で解決することで、ほころびを生じにくくさせ、強い抑止力を生み出そうというねらいがあった。

とはいえ、思春期の入り口にいる児童たちにとって、一方的な「意味」の押しつけは反発を招くことも予想できた。Ａさんへの共感力もかなり低下しているため、「Ａさんだって悪いのに」という「いじめ」正当化物語を構築する隙を与えてしまっては、関係は修復せず、いつか攻撃の芽を復活させることになる。細心の注意を払って戦略を立て、Ａさんを「被害者」と受けとめさせ、自分たちの行為が「いじめ＝差別」であったととらえられるような心情を個々の児童に醸成する必要があると考えた。

そこで、学級活動として、当時暗く重い衝撃を与えた「無差別殺傷事件」を起爆剤に、まず「差別」への問題意識を高めていくことにした。

事件を起こす前、犯人はインターネットの掲示板で自分のことを「不細工に人権なし」「無価値」などと書き込んでいた。そこに、「友だちになりたい」という女性が登場。すねる犯人になんとか心を開かせようとあれこれ語りかけるが、その途中で匿名の人物が割って入り、「不細工でも苛々するんだな」「自分

を救う気ないなら死ねよ」という言葉が投げつけられた。これに対し犯人は「何か壊れました。私を殺したのはあなたです」と書き込み、事件現場に向かうことになる。

　このエピソードを用いて、犯人の心を壊した要因に「差別」があるのではないかということを児童に投げかけた。もちろん犯人の行動を正当化するつもりはまったくないし、実際、どのような要因から事件が起こったのかはわからない。ただ、とにかくここでは「差別」がいかに甚大な悲劇を巻き起こす元凶であるのかということを児童に強く印象づけたかったのである。

　この時の授業はどちらかというと教師（私）から突然一方的になされたもので、途中教師（私）が感情を高ぶらせる場面もあり、児童にとっては「なんだかよくわからないけど、先生がすごく怒っているし、『差別』って深刻な問題なのかも」という感じのスタートであった。授業後、「差別」についてどう考えているか、身のまわりに差別はあるかということについて文章を書かせた。児童の反応は以下のようであった。

　　B君（加害側　4年から関わっており、5年の時に担任から指導を受けている。Aさんの保護者などからは「いじめ」加害の中心ととらえられている）
　ぼくは、差別をされたかどうかわかりません。逆に差別をしたかもしれません。事件を聞いて思ったことは、最初は罪のない人をただ単にころしていたと思っていました。でもやっぱりりゆうがあるのだと思いました。でもやってはいけないことをやってしまったことはよくないと思います。
　……犯人はすごくなやんだりくるしんだり、傷ついたりしたとおもいました。……なのでぼくは差別や人の心をぶっこわすことはしていきたくないです。
　　Cさん（Aさんと仲よし）
　この学年になってからは、イジメとか差別とかはないと思うけど4年生か5年生からは、「位」というのができていったような気がする。「クラスの地位」という感じで、一番上にいる人はたぶん力をもっていて、いじめを起こそうとすれば起こせるし、気に入らない人もたくさんいる。下の人は上の人がこわくて、その人の言うとおりに動いていると思う。上の人は自分に返ってくるとは思ってもいない。それはストレスか何かがもとなんだと思う。
　　Dさん（クラスの中心的な男子E・Fと仲の良い女子グループの一人、5年時加害側）
　勉強ができない人とできる人やスポーツができる人とできない人との差別はもちろんあ

ると思うけど私が一番気にしていることは男女差別だと思います。例えばこんだん会でお母さんを待っているときドッヂボールに入れてもらえなかったり、係の仕事などで入れてあげなかったりです。また、もう一つ気になるのは人の好き嫌いです。私にも仲よしの子もいるし、苦手な人もいます。たぶんみんなにもそういうのがあると思います。そこで私もみんなとかげぐちを言ってしまったりしました。けど、そんなにきらいでもない人の悪口を言ってしまったこともあって少し後悔しています。でもそこで反対していたら自分も悪口を言われていたんじゃないかと思うとぞっとします。いじめられるのも嫌だけど他人をいじめるのも嫌だなと思いました。

　事件の衝撃もあり、児童は皆、差別について重く受け止めたようだった。しかしながら、Aさんに対する「いじめ」に関する記述はB君以外には見つけることができなかった。Aさんのメモに加害側として登場する児童たちを含め、学級の多くの児童が被害者は自分で、差別は絶対にしてはいけない、という反応であった。心当たりがあってもあえて書かなかった児童もいたとは思うが、予想していた通り、Aさんの「いじめ」をAさんほど深刻にとらえている児童はほとんどいなかったのである。Aさんの仲良しでいつも一緒にいるCさんでさえも6年生になってからの状況を「いじめ」として認識していなかった。

（3）道徳の授業「差別といじめ」を通して

　そこで、次の段階として、差別といじめが同じものであると認識させるとともに、被害者がどんなに辛く苦しい思いでいるのか共感させることで「いじめ」の認識をさらに深め、自己とつなげて考えられるよう指導することとした。「いじめられて（道徳副読本　学研6年）」「わたしのいもうと（松谷みよ子作）」を題材に学年での道徳の授業を行った。当時、別の学級でも男子同士のトラブルがあり、Aさんの「いじめ」に4年生から関わっている者も多数いたため、学年の先生に協力していただいた。

　まず、授業のはじめに、上記の「差別」についての児童の文章を紹介し、自分たちの生活のなかにある「差別」に意識を向けさせた。このことは同時に、他者が自分たちの関係をどう見ているかという視点を児童に与え、これまでの自分たちの行為をより客観的に、より厳しく見なくてはならない状況を作り出

すことをねらいとしていた。

　その後行った道徳の授業では、題材とした物語に自分の辛い経験を重ねて感極まる児童も出てきた。とくに「わたしのいもうと」という作品は、妹の死という最後によって被害者の苦しみを児童に強烈に訴えかけるものになっている。目の前で苦しい気持ちを涙ながらに語る友人を見て、児童は「いじめ」をさらに深刻なものとして認識せざるをえなくなっていった。

　　B君
　　ぼくがいじめていたときは、何も思わなかったけれど、いじめられている人の話を聞くと、ぼくは、大ばかものだとおもいます。なぜ、大ばか者だと思うのかは、人の心をぶっこわしているし、相手はケガを実際にはしていないけど相手の心に一生なおらない深い傷ができてしまうからです。なので、さべつやいじめは、ぜったいにやりたくないです。
　　Dさん
　　わたしはU君が泣きながら過去の出来事を話してくれたことが心に残りました。ずっと昔のことで多分U君を傷つけた人は覚えていないと思います。けど本人は今でもそのことをひきずっています。これほど深い傷をつけた人は今はきっと楽しく生活していると思います。私はこの人の無責任さに腹が立ちます。とてもくやしいです。私は差別をするのはいけないと思っても差別してしまっています。私が一番多いと思う差別は「友達」と「親友」です。よく女子の間で「これは親友だから言えるんだけど……」という会話を耳にします。私も言ったことがあります。これは話している二人はわくわくして楽しいけれど、その話を聞けない人は悲しくなります。「自分は親友じゃないんだ。」「仲間はずれなんだ。」と自分を追い詰めたりもします。また、その言葉を言われる人はあるグループのリーダーから嫌われていると分かりました。だれもリーダーに逆らう勇気がなくて、リーダーのご機嫌をとっています。……そういう人がクラスにたくさんいることは分かっています。しかも私もその中の一人かも知れない。自分の力で変えられることはないか、解決できることはないかさがしたいです。
　　E君（加害側　5年時はAさんと別のクラス　5年時F君とともに荒れ、現在もリーダー格　6年になってからの加害の中心ととらえられている）
　　今日、また改めて差別の話を聞きました。道徳も「いじめられて」といういじめに関する話でした。いじめに打ち勝つには相当の勇気と決心がいります。次にみんな友達のいやがらせを受けた体験談などを言い合いました。一人の友達はそのいやな話をして泣いてしまいました。ぼくはそれほどつらいんだろうなあと思いました。みんな一回はいやがらせを受けたことがあります。無いという人は気づいていないだけで本当はあるのです。ぼく

もそういう経験が何度かあります。知らないうちにくつがかくされたり、えんぴつがおられたりとぼくが見ていないところでいろんないやがらせをされます。ぼくの心の中の傷をなにひとつわかっていないやつがこのクラスにいるのです。それはなんとも悲しいことでしょう。ぼくは、前は差別のことなど全然気にしなかったけど、今のぼくは、いままでぼくがさせた友達の心の傷をどうにか治せないかと反省し、差別をされたり、したりすることがないように細心の注意をはらっています。友達との悪ふざけのようなことで友達がきずついたり、自分が傷ついたりすることがたくさんあります。このクラスで差別をなくすためにはキモイ、うざい、しねという言葉を絶対に言わないとみんなで協力しないと、いくらけんかがないクラスでも陰で差別がなくなりません。ぼくはこういう自分の経験や感想を書くのが苦手だけど、差別をなくし、なかがいいクラスを作るためにはぼくが一生けん命書いて、先生に分かってもらわないとだめだと思いました。

　いじめについてのとらえ方が、より深く、自分に引きつけて考えられるようになってきたのがわかる。ただ、この時点ではまだ、個々のストーリーがバラバラであることに変わりはない。
　最初の指導の時から、自分に刃を向け始めていたＢ君には、この指導の後、個別指導を行った。自分に向けられた指導であることにうすうす気がついていたというＢ君は、後に紹介するＡさんの作文を読み、涙を流した。
　一方、Ｄさん（５年時より加害側）は葛藤し続けているものの、どちらかというと自分たちのグループのごたごたに悩んでいるようだった。また、ここまで登場していないが、加害の中心にいたＦ君（５年時Ａさんとは別のクラス　６年より加害側）の感想には、５年時の自身のトラブルについて自分を被害者とする記述があるだけであった。
　しかし、加害の中心と考えられていたＥ君がこの時から劇的な変化を見せていた。５年の時にＦ君とともに荒れ、６年になっても周囲が常に気を使っているような状況にいた彼だったが、心には大きな葛藤を抱えていた。ＣさんＤさんの記述にある「上にいる人」「リーダー」は、実はＥ君・Ｆ君のことなのだが、実際のＥ君・Ｆ君の姿とはかけ離れたものになっているようだった。
　個々のストーリーのずれを修正して１つに収束させる、大いなる学級の「物語」が必要だった。ようやく本題のＡさんの「いじめ物語」に突入する準備が

できたといってよい。いよいよ最終段階である。

3. 「いじめ解決物語」の構築

(1)「いじめ物語」の構築

　最終段階までの約１週間、児童は毎日のように考えさせられたことを文章に書き、友だちの書いた意見を聞いて、また文章を書くという、自分たちの学級の人間関係のありようと「いじめ」「差別」の問題にどっぷりつかる日々を過ごした。１日１日、学級の児童が「いじめ」の「物語」に飲み込まれていくのがわかった。

　中心であったと考えられるＥ君、Ｆ君には最終段階直前に個別指導をした。Ａさんの「いじめ物語」を受けとめられる素地ができ上がったとふんだからである。Ａさんの「物語」に自分が中心人物として登場していたということ、Ａさんが転校を考えていることを知り、当人たちもかなり衝撃を受けたようであった。個別指導のなかで見えてきたことだが、中心と思われていたどの児童も、はじめにＡさんと関わったことに関して周囲からからかいを受けており、それが恥ずかしくて、または怖くて、Ａさんを差別する側にまわっていったという事情があった。周囲が考えていたように、数人の強いリーダーがいて「いじめ」を扇動していたわけではなかった。互いが互いを恐れて誰かをターゲットにしていくほかないような流れが彼らの関係のなかに生まれてしまっていたのだ。この流れを児童の目前にさらし、断ち切ってやる必要があった。加害側とされていた児童たちもそれを望んでいたのである。最後の道徳の授業を迎える前に、もう大丈夫という見通しは立っていた。

　「私は今いじめられています。」はＡ子さんのメモや作文をもとに、教師（私）が道徳の資料として編集したＡさんの「物語」である。

　※実際の資料ではＢ〜Ｇの名前は仮名に変えて提示。

　　私は今、いじめられています。
　　　理由は、今から二年前の４年生の頃、……（中略）というのが原因でした。周りの人は

私をとてもきらい、わざとよけ、悪口を言い、笑いものにしたり、菌扱いしたり。

　5年生の1学期。男の子数人が私と同じ道を通らないようにさけたり、悪口を言うようになりました。

　2学期。私が近づくと、男の子たちはせきばらいをしました。私のことをあだ名で呼んでみんなで笑っていました。女の子の間でも「○○とキスをした。」など、うそのうわさを流されるようになりました。

　3学期、このころがいじめのピーク。男の子のグループに女の子たちが加わり、私をすごく嫌がってせきばらいをしたり、私のことを「ピー」といい、「ピーだ。ピーだ。」「先生に呼ばれた。まさかピーの事？」といったり、ある子は「この中に悪魔がいる。」「悪魔がきたー！」と他の人と逃げたりしました。私はそれが本当にこわくてトイレの奥にひっこんでいました。すると、別の女の子二人が「元気出して。味方だから。」と励ましてくれたのです。当時はその二人がいじめグループの仲間ではないと思っていたので、とてもうれしかった。でも、他の子が「あの二人、あなたの悪口言ってるよ。」と教えてくれました。他の人に聞いてもそうだということがわかりました。とてもショックでした。

　そのころから、私がトイレに入ると大勢の男子がわーっと（男子トイレに）入ってきて、私がトイレから出てくるのを待っていました。

　ここまでは元5年○組であったことです。×組でも私のことをいろいろ言っていたのだと思います。

　6年生。クラスが変わり、新しい生活が始まったかのように思えました。でもやっぱり、同じでした。

　席替えのとき、F君とB君と席が近くなると、F君は「うわ〜。おれってかわいそ〜。最悪だし。」と大きな声でさけんでいました。B君もすごくいやそうでした。テストのとき、二人が机を私から思い切り遠くへ離していました。

　F君が物を「Gにわたして。」と言ってきました。相手がそれを受け取ると、「うわっ、きもっ！」という顔をしたり、くすくす笑ったりしています。G君は急いでそれを取り上げて、F君に「お前何してんだよ！」と言って少しけんかのようになりました。B君が昨日のF君と同じように「このプリント、Gにわたして。」と言ってきました。「なんで？」と聞くと、「近いから。」「いいから早く！」と言う。何度返しても私の机においていくので、仕方なく私はG君の机に渡しました。同じようなことが何度かありました。昼休みの終わりごろ、G君の体育帽子が私の机に置かれていたのです。もしもそのままにしておいたら、また笑われたり、「うわ〜。」という顔をされたりして、つらい気持ちになっていたと思います。わたしは、人に見られないように帽子をG君の机に置きました。

　男の子たちは、私とぶつかった部分を「菌扱い」してほかの子と付け合いっこをするようになりました。私とぶつかって「いって〜。骨折した。」「学校いきたくね〜。」など言ってくる子もいました。給食のとき、私の分だけおかずが減らされたり、変に大盛りにさ

3．「いじめ解決物語」の構築

れたりしました。
　委員会のとき下駄箱の上にちゃんと置いたはずの筆箱がなくなってしまいました。絶対に置いたはずなのに。周りを探しても見つからなかった。後から見えないところに隠されていたことがわかりました。
　変なことをするといじめられる。でも、いじめは私がしたことより数千倍と言っていいほど恐ろしく、私を不幸のどん底に突き落とすものでした。
　私は人間です。同じ人間なのになぜ、虫けら扱いをされ、笑われなければならないのでしょうか。私はここ何年も恐怖と戦ってきました。これ以上どう戦えばよいのかわかりません。
　私には「人権」なんて本当にあるのでしょうか。

　道徳の授業では、実際の学級の問題を取り上げるべきではないとされている。だからこれは道徳の授業というべきではないのだろう。しかし、授業では普段と同じように、資料として「私は今いじめられています」という物語を読み、主人公の心情について話し合った。児童は、普段の道徳授業と同じように「私」に共感し、「私」の心情を考え、「私」の苦しい心の内を言葉にしていった。その後、授業の終盤になってはじめて、これがAさんのことだと明かした時には、教室にため息が漏れた。明かすまでまったく気づかなかった児童もいたが、ほとんどは途中からうすうす感づいていたようである。「ああ……」というため息とともに、Aさんの「物語」を全員がはっきりと認識することとなった。
　同時に自分たちが「物語」の登場人物であることも知ってしまった。しかも、多くの児童が、別の「物語」のなかで自分が非難してきた加害側に、当の自分が立っていることを発見してしまったのだ。

（２）「いじめ解決物語」から学級の新しい物語創出へ
　ここで、加害の中心とされていたB君・F君にも思いを語らせた。「いじめ」は加害の中心にいる者がリーダーで諸悪の根源、というような見方をしてきた児童たちも、加害側の複雑な関係や心情を知ったことで、また少し違った「いじめ物語」を発見することになった。「皆がもつ弱さ、未熟さゆえの過ち」という「物語」である。「からかわれるのが怖かった」「自分は最低です」と涙な

がらにＦ君は言ったが、「最低じゃない。大丈夫、まだほんの12歳、間違えてしまっただけだ」という解釈を与えることで、学級全体が「互いをちゃんと理解して、間違いを正し、許しあい、いじめを解決することができた」という新しい「物語」を作り上げることができたのである。

Ｆ君（加害側　クラスのリーダー格　６年になってからの加害の中心ととらえられている）
　ぼくはＡさんをずっと６年からいじめていました。会議室によばれ、Ａさんが転校するかもしれないということをきいて、ぼくがいじめないでたすけてあげてれば、こんなにＡさんがくるしまなくてよかったはず。先生はぼくをさいあくじゃないよといってくれた。ぼくはうれしかった。もういじめはしたくないというきもちがあります。○組はまだしらないからＡさんをいじめてたらぜったいたすける。Ａさんは本当はとてもいいひとなんじゃないかとおもいました。いままでつめたかったのはみんなにいじめられてたからだとおもう。

Ｂ君
　今日、クラスの問題について話し合って思ったことは、ぼくは、Ａさんをいじめてとっても自分がきらいになりました。ぼくは１回いじめられる人になって、いじめられている人の気持ちを考えたいです。ぼくはこれからいじめのないクラスや学年にしたいです。ぼくはいじめている人に言いたくて、いじめたって自分にはなんのとくもなくて、相手も傷つくし自分は一生なおらないことなので、いじめのない仲のいい学年にしたいです。

Ｄさん
　私が５年○組だったとき、いじめに一緒に加わっていました。何でさけているかも分からずに差別していました。できることなら今から一年前にもどってノリなんかでいじめたりしないで一緒に戦ってあげたかった。守ってあげたかった。本人には「もう今さら」と思われてもしかたないことだけど、「きれいごと」と思われるかもしれないけどやり直したい。今はすごくこうかいしています。これからＡさんだけでなくみんなと仲良く付きあっていきたいです。

Ｃさん（Ａさんと仲よし）
　わたしは（Ｅ君、Ｆ君のことを）なおらないと思っていて、とても後かいしました。本当にそう思っていたけれど、Ｅ君の感想のように、少しリーダー格っぽいけど、自分がくつをかくされたりして、つらいのかなと私は感じました。何でおびえていたのかとすごくすごく大きな後かいを覚えました。Ａさんの気持ちを、Ｅ君の気持ちをわかりきれていなかったことがものすごくイヤです。

３．「いじめ解決物語」の構築

実は、Cさんには一人だけ事前に先のE君の文章を読ませておいた。自分の見方が一方的であったことにショックを受けたようであった。それも含め、「大丈夫、私たちはまだまだこれから」という解釈を与えていきたかった。

Aさん
　私はこの学習をするまで、本気で転校したいという気持ちでいっぱいでした。でも、みんなそんな悪い人ではなかった。みんな軽い気持ちでやっていたこともわかりました。そして自分の事を本気で考えてくれて本当に本当にうれしかったです。

　この指導の後、学級全体が劇的に変化していくことになる。4月当初の印象では、5年生の時に荒れたせいか、皆どこかよそよそしく、互いに弱みを見せてはいけないような、誰かの機嫌を損ねないようにびくびくしているような張り詰めた雰囲気があった。それが今回の指導を終えた時、一気に緊張が解け、皆が肩の力を抜くことができた。ようやく長い暗闇を抜けた時のような安堵感が学級に広がったのを記憶している。「いろいろなことがあっても、もう私たちは大丈夫」という温かな空気が、その後の学級のなかに生まれていったように思う。もちろんその後もいろいろなことが起こったが、そのつど学級で話しあい、解決していった。Aさんもすっかり明るくなり、無事卒業を迎えることができた。

4. 物語の構築と書き換えによるいじめ解決の可能性

　このような方法が成功したのには今回の「いじめ」のケースが比較的一方的で集団による深刻な「差別型」であったことが要因としてあげられる。一方、加害者と被害者双方の正当性が絡まりあう「報復型」の場合、被害者を被害者として周囲に認定させることが難しくなる。ケースによっては学級全体に知らせるのが適さない場合もあるだろう。

　また、低学年の場合には、加害側の児童の発達段階や特性によって、「物語」が抑止力になりきれない場合がある。低学年のトラブルは、幼稚で理屈に押し

込めにくいものが多い。幼い児童に、先の成功事例のような深刻な「いじめ物語」を提示しても、実態とかけ離れすぎていて上滑りしてしまう。しかも、反省したようであってもまた同じことをくり返すなんてことはこの時期の児童によくあることだ。反省したからといって自己をコントロールできるわけではないからである。

　しかしながら、誰かが「いじめに苦しんでいる」と表明した時、まず、関係者が互いに了解できる「いじめ物語」を構築することは、多くの実践において有効であろう。われわれは同じ事象に直面しても、まったく同じにとらえることはない。人はおのおのバラバラな現実を生きており、「被害者が苦痛を感じていればいじめである」と考えるべきだとしても、「被害者の苦痛」を誰も認めてくれないままでは、解決に向けて進むこともないのである。ここが甘いために当事者間の見解が割れ、解決どころか事態の収拾がつかなくなるケースを何度か見てきた。さらに、物語を突然頭上に掲げてみせても、（高学年になればなるほど）受け入れてもらえない。物語を受けとめられる心情から醸成していく必要があるのである。崩壊している学級では実はここがもっとも困難になる。解決すべきと皆が認める「いじめ物語」を関係者のなかでいかに丁寧に構築するかが、解決の肝になる。

　構築して書き換える。教師の力が試される場面である。学校という場だからこそできることでもある。学校という場において、自己と他者を生かして生きる最適の物語をどう創出していけるのか、教師として日々挑み続けなければならない重要な課題である。

（岡　和香子）

〈引用文献〉
松谷みよ子・味戸ケイコ，1987，『わたしのいもうと』偕成社．
村田昇・金井肇・蛭田政弘監修，2010，「いじめられて」『みんなのどうとく　6年』学研教育みらい，pp. 82-85．

CHAPTER 10
学級における「見えない壁」と「外部者」

1. 「みんな」とは誰と誰のことか

　筆者が学生の頃だ。ある行事が催されたのだが、筆者にとっては不愉快な思いをするひとときであった。その行事が無事終わると、リーダーであった人物がこうスピーチした。「みんなが楽しめて本当に良かったです」。
　彼女は「みんなが楽しめた」という。であるならば不愉快な思いをしていた自分はなんなのであろうか。もちろん自分はそのクラスの公的な一員である。しかしながらおそらく「みんな」のひとりではなかったのだろう。
　学校的、あるいは教育的な空間においては「みんな仲良く」が強力な標語として存在する。たとえば文部科学省『生徒指導提要』（以下『提要』）では「（2）望ましい人間関係づくりと集団指導・個別指導」において次のように述べられている。すなわち「学校教育は、集団での活動や生活を基本とするものであり、学級や学校での児童生徒相互の人間関係の在り方は、児童生徒の健全な成長と深くかかわって」（p.2）おり、「児童生徒一人一人が存在感をもち、共感的な人間関係をはぐくみ、自己決定の場を豊かにもち、自己実現を図っていける望ましい人間関係づくりは極めて重要」（p.2）だというわけである。
　ところで「望ましい人間関係」が大切であることは誰にでもわかることだが、何をもって「望ましい人間関係」といえるかというと難しい問題である。また『提要』で語られていることは「純化された当為」とでもいうべきものであって、実際の学校教育現場に具体的なイメージを示すものともいいがたい。「みんな仲良く」というイメージが実はその場にいる周辺的な者の事情を捨象するように、「純化された当為」論もまた個別具体的な要素をスポイルすることで成り立つものであるのではないだろうか。実際冒頭にあげたように、私たちは学級における集団生活がしばしば居心地の悪いもの、なんらかの暴力性を帯びるものとなりうることを知っているし、ある集団において誰かしらが居づらさ

や疎外感を感じる者がいても必然でさえあるといえ、それに対して単に「望ましい」「共感的な」人間関係をと述べたところで、事態は変わらないはずだ。

それではどうするべきか。本章は具体的な処方箋を読者に提供することはできないが、その代わりにある学級の風景のなかで「みんな」から外されたようにみえる児童に着目をしたい。これは特殊な例ではあるが、だからこそ私たちがどのようにして「みんな」をつくり、またある者をそこから外すのか、そのしくみの一端が見えてくるはずだ。議論を先取りすれば、そこには必ずしも悪意があるとは限らない。だがだからこそ当事者にとってはより見えにくい、そんな問題が潜んでいるように思われる。

2. 学級の分析視角

学校・学級はひとつの「小さな社会」である。古くはデュルケム（訳書, 2010）が述べたように、児童生徒はその「小さな社会」において家庭から切り離された「社会」の道徳律を身につけることが期待されている。学校は公共性を帯びた空間であり、そこで児童生徒たちは社会の一員としての資質を獲得することが目指されるわけである。そのため発言や身体的所作のあり方、服装、所持品等々、学校空間には独特な儀礼的「制度」に満ちている。児童生徒はそういった「学校で過ごす間に、身体的な面だけではなく、子どもは『大きな世界』のメンバーとして『生まれ変わる』ことが期待され」るのである（山本, 2011, pp. 88-89）。

だがその「小さな社会」はそれ自体が個別の共同体である以上、それぞれの独自性を有してもいる。つまり「学級が人数やその構成要素の性格およびそれらが果たしている機能等に応じた独自の道徳をもつことは、自然であり、かつ必要なことである」（デュルケム同書, p. 256）のだ。このように学校ないし学級は公共性を帯び、また一般的な「社会」を志向した空間であると同時に、その学校、学級がもつ独自性があり、それは「集合的個性」ともいうべき特質なのである（デュルケム同書, pp. 392-393）。

このデュルケムの議論を平易に要約するならば、学級もひとつの社会集団で

ある以上、そのメンバーや環境、文脈といった独自性に即してその集団を作り上げているということである。そうであるから学校や学級は「○○小らしさ」「○○級の雰囲気」をもっている。その一方、時には外部者から見たら驚くようなことが、その集団内では平然と行われているなどといったこともある。学級規模の「いじめ」がしばしば「遊びのつもりだった」と当事者たちに語られるのはその典型であるだろう。外部者からは「おかしい」と思えることが、当事者たちの多くにとっては「普通の」ことであったりするわけである。

　そうであるならば、外部者からは「おかしい」と思われることが当事者たちにとってはどのようにして「普通に」行われているのか、それを読み解く分析的視点は教育実践者にとって有用なツールになるのではないだろうか。そこで本章では、学級としては明るく活気があり、ひとつの事例を除いては「人間関係」にも問題を感じさせないような学級の様子をみていきたい。すでにお気づきの読者もいると思うが、この「ひとつの事例」は外部者である調査者たちにとっては「おかしい」と感じられることだったのである。

3. 外国人児童のいる学級風景

（1）活気ある学級のなかの違和感

　本章が取り上げるのはある関東圏の公立小学校（X小学校）Y学級の観察記録である。X小学校は活気ある「普通の」公立小学校といえ、一見すると際立った「集合的個性」を有しているわけではない。児童たちの学習規律もしっかりしており、「みんな仲良く」授業も遊びもしているように見える。だが端的にいって、この「みんな」とは異質な存在感をもつ外国籍の児童「Aさん」がいた。調査者たちはなじみ深い学級風景のなかでひとり際立ったAさんと、彼女をめぐる児童や教師たちのふるまいに強く関心を寄せることとなったのである。

　ところでこのような独特なケースを題材とするからといって、本章では日本における外国人児童の教育問題について踏み込みたいわけではない。ごくありふれた学級の風景のなかで、そのなかの「みんな」から外れ、しかもそれが特

段問題視されていないような状況をみる上でこのケースは示唆に富んでいるように思われる。そしてこの状況は外国人だけではなく、さまざまな類型をもった（あるいは特段ほかと異なった類型をもたない）児童生徒を中心にも起こりうるものであると考えられるのである。

　さてここでＡさんについて簡単な説明をする必要があるだろう。Ａさんは日本における「普通の」小学校空間においてはいやがおうでも目立つ存在であった。というのも彼女は観察開始時期より半年ほど前にアフリカ地域から転校してきた外国人児童であり、家庭の事情で頻繁に諸外国を移住し続けてきたようである。またもともとＡさんは一時的に日本に滞在する予定でしかなかったが、その滞在予定が１～２年延長されたということを調査開始前にＸ小学校より聞いている。

　こういった事情から彼女は母国語以外では英語が少し話せる程度で、日本語に十分には習熟しておらず、他の児童とのやりとりも独特なものとなっていた。だがこのやりとりの形は単に彼女の言語能力に起因していたというよりも、Ｘ小学校Ｙ学級においてそれ以上のある規則性を有していたように思われる。のちにみるように外部の人間である調査者たちは、そこでのＡさんをめぐる児童たちや教師とのやりとりに着目するとともに、疑問や批判的な見解をフィールドノートに残している。そこで次より調査者たちの観察記録を素材とし、Ｙ級におけるＡさんの様子をみていこう。

（２）越えられるが壊せない「壁」

　議論に先立ってこの素材の概要について説明しよう。筆者を含む調査者たち10名はＸ小学校協力のもと、ビデオカメラで授業風景を撮影しつつ、適宜授業の手伝いなども行う形で観察を行い、とりわけ調査者１のように英会話能力のある者はＡさんの学習の手伝いを受け持った。なお本章においては観察記録を素材とするが、必要に応じて撮影された映像を確認しつつ分析を行っていることを付記しておこう。

　それでは、まず本調査第１回目の観察記録をみてみよう。2013年10月11日の調査者４の記録によれば、Ａさんは多少英語を話せるのだが、なぜか英会話の

できる他の児童は積極的に関わろうとはせず、あらゆる活動の場で孤立していたようだ。だが、かといって（少なくとも能動的な）無視や排除が行われているわけではなく、その場にいた調査者8が促すとすんなりと彼女をグループに入れるようである。X小学校にやってきて半年ほど経つAさんであるが、調査者4はその様子を「あまりなじめていない」と記述している。彼女を取り巻くこのような状況は調査期間中調査者のあいだでほぼ一貫して観察されたものだった。たとえば1ヵ月後の観察記録（調査者1）をみてみよう。

①2013年11月21日観察記録・調査者1
昼休み中、隣の机の女子児童たちが絵を描いているなか、Aさんも絵を描いていた。すぐ隣の机で女子児童たちは絵を3人くらいで囲んで描いているのに、まるで見えない壁があるかのようにAさんとのやりとりはなかった。（略）猫人間が弓を持っている？というような絵を描いていて、独特なセンスであるが私は普通にうまいなあと思った。そして声に出して言った。Aさんは少し恥ずかしそうにしていた。隣の児童たちも反応し、Aさんの絵を覗き込んで、おお、と歓声をあげた。「うまい」「おお」「謎の絵だ！」感性は十人十色である。その後、別段壁が壊されたわけでもなく、そのまま各自もくもくと絵を描き続けていた。

調査者1の「『見えない壁のようなもの』がAさんと他の児童のあいだにある」という感覚は、調査者たちの観察記録からみるY級の風景を端的に表しているだろう。AさんとY級の「みんな」のあいだには、壁のようなものがある。その壁は調査者1が感想の声をあげるなど、ちょっとしたきっかけで簡単に「越えられる」のだが、だからといって「壊される」わけではない。事実児童たちはAさんの絵を「うまい」「謎の絵だ！」と評価するだけで、それを契機に彼女とやりとりを展開することはなく、また「壁」の向こうへと戻っていくのである。

（3）回ってこない順番

Aさんと「みんな」のあいだにある「見えない壁」のようなもの。もちろん児童らはAさんに関心がないわけではないようだが、関わる場合でも場面①の

ようにやや遠巻きにする形で行うことが常であるようだ。またまれにＡさんの状況を気にして数名の児童が学習の手伝いをする場面も観察されたが、場面①と同様にその関係が長く続くようなことはなかった。この「見えない壁」は、単に児童個人が各自の判断や感覚に基づいて築いていたというよりは、Ｙ級においてしつらえられたものとしてみることができる。それが顕著に現れたのは、いくつかの授業場面である。

　Ａさんは日本語能力の問題から他の児童と同じように授業に取り組めるわけではない。文章を読み上げることが前提である国語の時間などは別の教室で日本語の学習を行っているように、特別な支援を受けながらＹ級の活動に参加している。また別の科目でも他の児童と同様に参加することは難しい。たとえば2014年３月10日（調査者10）の算数の授業ではＡさんもＹ級で他の児童らと机を並べて「みんな」で参加しているが、１人ずつ問題の答えを述べていく場面ではスムーズに彼女の順番は飛ばされていた。もちろん言語を用いた活動において「パス」されること自体は現実的な問題として不可避であるように思われる。だが彼女を「パス」することはそういった便宜性を超え、至るところに浸透しているようであった。次に見るのは体育の授業場面記録である。なおここではＹ級担任とは別の教諭が体育の授業を担当している。

　この体育の授業内容は数名のグループごとに先端を切り取ったコーンの上にボールを載せ、交代でバットを用いて打つというものである。その間教師は各グループを巡回しながらスイングのフォームなどを随時指導する。この授業の観察を行っていた調査者１は、その模様を次のように記録している。

②2013年11月４日観察記録（調査者１）
わいわいと賑やかな授業風景のなか、なかなかＡさんにバットが渡されない。私は、体育の先生がなにかしらいわないのかなと様子をうかがってみるも、みて見ぬ振りが明らかだった。見兼ねた私がＡさんに近づき、バッティングやんないの？と声をかけると、まわりの児童たちが気まずそうに、「Ａにもやらせてみるか」とバットを渡していた。そのあとになって体育の先生がやってきた。「Ａさんは打ったのか？」と一言。Ａさんがすぐそばにいるのにもかかわらず、Ａさんと同じ班の児童に聞いていた。私はなんともいえない気持ちになった。その後、Ａさんに、どうだった？　と聞くと、「んー、tired」と答えたの

3．外国人児童のいる学級風景

で、それは日本語で「疲れた」っていうんだよ、と教えた。

　ここで教師は巡回する形で指導をし、ボールを打つ順番は児童たちのなかで決められているようだ。そのなかでAさんにはなかなか順番が回ってこない。言語能力とはおよそ無関係なバッティング練習においてもAさんは「パス」されており、また教師もそのことに特段の関与を行っていない。さらに教師は本人がそばにいるにもかかわらず別の児童に「Aさんは打ったのか？」と問うというように、Aさんは教師からも「パス」されているようにみえるだろう。調査者たちが感じたAさんと「みんな」のあいだにある「見えない壁」のようなものは、メンバーたちはあらゆる場面で彼女を「パス」するという規則性をもったふるまいによって顕著に立ち現れていたといえる。

　Aさんと「みんな」のあいだに「見えない壁」があり、児童らが積極的にやりとりをすることをためらうのはなぜだろうか。また体育の授業において彼女に順番が回らず、教師もそれを特段気にする様子がないのはなぜだろうか。Y級にとってはおそらくなじみ深いものであっただろうこの風景を、私たちはどのようにとらえるべきだろうか。本章がひとつ注目するとすれば、Aさんと「みんな」の関係にはあらゆる場面において彼女を「パス」するという規則性があるように思われるという点がある。そして児童らはもちろん、時には教師もそのような「きまり」のようなものに従っていたように思われるのだ。

（4）パスという「制度」

　ある集団が集団として成り立つためには無数の「制度」が存在する。これによって個別具体的な諸個人は、ひとつの「集団＝小社会」を形成しているともいえ、とりわけ学校空間はこの「制度」に満ちたものである。それは「廊下を走らない」「発言をする際は挙手をする」といった明文化されたルールだけではない。むしろその大半は誰が決めたのかもわからない、しかしながらその集団の人々の行為を強力に規定するものである。

　たとえば漫画『三月のライオン（6）』（羽海野, 2011）では、ヒロインの中学生「ひなた」の学級の様子が次のように描かれている。それは「大きな笑い

声」で笑っていいグループを上位に、普通に談笑するだけのグループ、押し黙っていなければならないグループが存在し、ひなたは「その階級にあわせて『どのくらい大きな声で笑っていい』とか『教室の中でどのくらい自由に楽しそうにふるまっていい』かが決められているみたいな……」「そんなモノ　ホントは無いはずなのに　──でも確かにある　ずっとあった」と述べるのである。

　ひなたが述懐する学級では、生徒たちは学級内において定められた類型に即してふるまっている。バーガーとルックマン（Berger & Luckmann 訳書，1977）によれば、「制度化は習慣化された行為が行為者のタイプによって相互に類型化される時、常に発生する」（p.93）という。たとえば「教師」と「児童」という役割をもった2人の関わりあいは、ある特定のパターンが期待されるだろうし、それを大きく逸脱した場合看過できない「問題」として見なされる。そしてこれは公的に規定された類型にだけ適用されるものではない。「上位グループ」と「下位グループ」の生徒は、それに即した行動のパターンを求められ、これによって（ことの善し悪しはともかく）その学級のなかの秩序が維持されることがわかる。極端な例として漫画『ドラえもん』の「ジャイアン」は、時折「のび太のくせに生意気だ！」と言い放つことがあるが、これは「ジャイアンとのび太」という最小単位の集団において生まれた「制度」を表しているといえる（そしてこの「制度」が緩和されるのは長編のような例外的な事態ぐらいである）。

　このようにあらゆる社会のなかに、メンバーたちのふるまいを規定する「制度」が存在する。それは単なる規則性をもった「習慣」以上の、規範的な力が伴ったものであって、それを逸脱することにメンバーはためらいを覚えることとなるわけである。以上の論点をふまえると、Aさんを取り巻く「見えない壁」の正体が浮かび上がってくるだろう。どういうわけかAさんは、他の「みんな＝児童」という類型を十分には担わされておらず、「みんな」は彼女と関わる際も一歩ひいた姿勢になってしまう。こうして他の児童と並んだ「みんな」に組み込まれるわけでもなければ、積極的にその存在を否定されるわけでもなく、しかしながらあらゆる活動において無効な存在としてAさんを「パ

3．外国人児童のいる学級風景

ス」することがＸ小学校Ｙ級における暗黙の「制度」となっているように思われる。そしてこの「パス」が「制度」としての特質をもっていることを示すのは、単にあらゆる場面で類似のやりとりが見られたというだけではない。これまでの観察場面において随所でみられた「壁」が乗り越えられる瞬間を思い返してみよう。そこでは外部者である調査者が水を向けると、児童たちは容易にＡさんたちとやりとりを始め、またＡさん自身も授業で発言するなど「みんな」の活動に入っていった。このように児童らは特段の感情や理由があってＡさんを「パス」していたわけではない。Ａさんを「パス」することは、「パスしなくてもよい」というキューがあれば無効化される「きまりごと＝制度」であったのだ。この暗黙裡に存在した「制度」は、Ｘ小学校Ｙ級のメンバーたちのなかで「そのようなもの」として、Ａさんとの関わり方を規定していたように思われるのである。

4. 「みんな」に入らない戦略

　調査者たちが感じたＡさんと「みんな」のあいだにある「見えない壁」のようなものは、メンバーたちはあらゆる場面で彼女を「パス」するというインフォーマルな「制度」を示すものであったといえよう。だがこの「パス」は、「みんな」が一方的に行うだけではない。ここで英会話の授業場面を見てみよう。

　③2013年10月31日観察記録　（調査者５）
　授業は英語で行われているためもちろんＡさんは内容は理解している様子であったが、なかなか手を挙げて発言することはなかった。その様子をみて、オーストラリアについての聞き取りの際に調査者１がＡさんに発言するように促したところ、Ａさんは手を挙げ、それを見た先生はＡさんを指名した。英語の時間は、授業の内容も理解でき、英語も話せるためＡさんが活躍できる授業であると思われるが、調査者１からの促しがあって発言したように、普段から英語の時間であっても手を挙げて発言することはないのではないだろうか。

　他の児童より英語能力を有しているＡさんは、しかしながら英会話の授業に

おいても手を挙げることをしない。これまでＸ小学校Ｙ級の「みんな」と、そこから外されたようにみえるＡさんの姿を見てきたが、あらゆる活動においてＡさんを「パス」すること、このことに関してはＡさん自身もまた「みんな」と足並みを合わせていたようにも見える。つまりＡさんはただ単に「パス」されていただけではない。彼女自身もまたその「制度」に従事しみずからを「みんな」の活動から「パス」していたといえるのだ。

　それではなぜこのような「制度」が（おそらく）１年間にわたって存在し続けていたのだろうか。それは第一に言語能力上特別な配慮が必要であるＡさんの処遇が、そのまま「みんな」との関係にも浸透していったということが想像できる。だがさらに留意すべきは、先に述べたようにＡさんが当初は一時滞在予定者としてＸ小学校に迎えられたという経緯である。あくまで一時的な「ビジター」がＡさんに付与された類型であったため、予定以上の滞在となった後もメンバーたちはその関わり方を変えることができず、Ａさん自身もその関係性に任せていったのではないか、という見立てである。

　この見立ては、単に事前にＸ小学校から知らされた情報に基づいただけのものではない。次に見るのは、調査者10が2014年３月にＹ級を訪れた際の記録である。そこでは教室の後ろには全員の児童の顔写真と併せて「今年のめあて」が自筆で書かれたカードが掲示されていた。以下はＡさんの「めあて」の部分である。

④2014年３月５日観察記録・調査者10
　ちなみに彼女の「めあて」のところには、「Ａ（平仮名）」という直筆の名前で、「I study English, math, kanji」と書かれていた。漢字よりまずは英語、というのが彼女のこれからを物語っているように思うが、算数よりも優先順位が低いこと、しかもそれをはっきりと彼女が書いていることが意外だった。素朴にネイティブでない者が他国の集団に属す時は、本人の実際の意志はともあれそこの国や地域について第一に学ぶという姿勢を表明するものだと思うのだが。

　ほかの児童は「１ヵ月に〇〇冊本を読む」といった「めあて」であるのに対し、Ａさんは英語と算数、漢字の勉強をあげている。ここで気づくのは、「英

語」や「算数」の方が優先して書かれており、ともすれば「漢字」はそのついでにあげられているようにも見えるということだ。観察記録でも言及されているように、規範的な問題として違う文化や言語をもった人物はそこでの言語や文化を率先して習得しようとする姿勢の提示が期待されるだろう。だが彼女は何よりも「英語」の習得を第一の目標だと公言しているように見える。実際いくつもの国に転居をくり返すＡさんの生活においては英語の学習こそ最重要だとしても、日本の学校において日本の言語や文化の習得をそれほど重要視していないことを表明することは、単に自分の目標を述べる以上の意味合いがあるのではないだろうか。さらに同日の給食場面における調査者10の記録からは、彼女は米飯給食においてフォークを使用していることが取り上げられている。

　シュッツ（訳書，1980）によれば「よそもの」がある共同体において彼ないし彼女がその集団の文化パターンを全面的に受け入れようとしない際、「不確かな忠誠心」を示すものとして非難の対象となるという。シュッツの議論においては「よそもの」にとってこれまで彼ないし彼女が培ってきた文化パターンを失い外部集団のそれを中核に置くことの困難がその背景にあるのだが、しかしながらここでのＡさんはむしろ端的に自身を「日本の児童」としての類型から切り離そうとし、Ｙ級における「よそもの」性を維持しているように思われるのだ。

　もちろん「日本で生活する以上漢字を覚えるべきだ」「箸を使うべきだ」と言いたいのではない。そうではなく、Ａさんはあらゆる活動において「パス」されるのみならず、そしてＡさん自身もしぶしぶそれに従っているというわけでもなく、彼女もまた「みんな」の一員であることをなかば放棄していたようにみえる、ということである。その意味でＡさんは「ただパスされている」だけではない。Ｘ小学校、Ｙ学級における教師・児童との関係のあり方、つまり類型的な行為を行う上で、自身もまた「別の何か」としての「よそもの」性を引き受けていたように見えるのである。『提要』では「望ましい人間関係」が児童生徒の自己実現の基礎となると書かれているが、生活基盤が国際的なＡさんにとっては「みんな」と切り離された「関係＝制度」は必ずしも彼女の自己実現を阻害するものではなかったのかもしれないのだ。

5. 学級における「外部者」の意義

　X小学校Y級は素朴にいって「みんな仲の良い」雰囲気に満ちていたように思う。だがだからこそAさんの存在は外部者である調査者たちにとって目に留まるものであった。Aさんを「パス」していること、これ自体が「みんな」にとって表立って意識されず、その意味で彼女は二重に「パス」される存在であったといえる。メンバーたちが「そのようなもの」と認知することで、Y級の活気とAさんを取り巻く「見えない壁」は共存していたように思われるのだ。

　このような状況に対して、私たちはどのような判断をするべきだろうか。結びにかえて、2つの見方を提示しよう。冒頭に述べたように、そもそも「みんな仲良く」という指標はある種のフィクションであるといっていい。たとえば外部者である調査者たちがAさん以外の「みんな」が仲良くしているように見えたとしても、実際は諸々の人間関係があり、そのなかで居づらさを感じる児童がいたとしても不思議ではない。一方Aさんにスポットを当てた場合、たしかに彼女は表立った「みんな」から外れた、「よそもの」のように扱われていた。だがこれまで見てきたように、Aさん自身が（仕方のない選択だったのかもしれないが）この「制度」にみずから従う形でいたこと、さらに自分自身がそこでのメンバー性を放棄するかのような姿勢を示していたことは着目に値するだろう。実際将来的に国際的な生活をするAさんにとって、X小学校Y級の「みんな」から距離を置くことは、一定の合理性があったともいえるからだ。そしてこの「制度」にY級のみんなが従うことで、安定した学級運営が行われていたとみることもできるのである。この観点からすれば必ずしも「みんな仲良く」だけが「望ましい人間関係」ではないはずであり、むしろその標語のもと「集団的個性」を無視した提言（「共感的人間関係を培おう」「心の居場所をつくろう」等々）をくり返すことにこそ問題があるように思われる。

　だが、そうはいっても私たちは学校空間において「みんな仲良く」というフィクションを期待しているし、見るからに特定の人物が「みんな」から外れているような状況を善しとは思えないだろう。実際体育の授業でAさんはほとんど運動に参加していなかったはずなのに、「tired」とつぶやいていたように、

そこでの「人間関係＝制度」が彼女にとって愉快なものであったとは思えない。それではどうすればよかったのだろうか。

　そこでもうひとつの示唆となるのが、この観察においてしばしば起きていた「見えない壁」が乗り越えられた場面である。そもそもこの「人間関係」は児童ら個人の感情や意思に基づいて維持されていたわけではなさそうだ。実際随所において調査者たちが水を向けると、容易にその「壁」が乗り越えられたことを私たちは見てきた。Aさんを「パス」する「制度」は、「みんな」以外の外部者の介入でたちどころに無効化されていたわけである。

　外部の人間が学校現場を訪れる利点のひとつは、ここにあるのではないだろうか。学級のメンバーたちが「そういうもの」として見過ごすことがらを相対化し、無効化しうる機能が外部者の参与にはあるのではないだろうか。さらに外部者である調査者が自明とされていたことを「問題」としたり、時には処方箋のようなものを提供することさえもできるかもしれない。もちろんそれはあくまで現場の多様で複雑な要素から自由な立場の者だからできることであって、それはしばしば「大きなお世話」とされることだろう。さらに調査者は外部者である以上、「みんな」の一員としての資格も責任ももちえない。実際調査者はたびたび「見えない壁」を越えさせることができたといえるが、それはごく一時的なことであり、「壁」そのものを解体することは不可能に等しい。

　だが学級にはもともと、児童生徒ら「みんな」とは異なった類型をもった「外部者」が存在する。教師だ。その類型は「みんな」をまとめあげる「統制者」だけではなく、その「みんな」とは一線を画し、彼ら彼女らのあいだのことを十全には理解していない（その体を装うことができる）「よそもの」でさえある。学級の「みんな」にとっての統制者であり外部者でもある「教師」は、その学級における「制度」を構築する強力な権限をもっていると同時に、「よそもの」として児童生徒間の「制度」を相対化し解体する力も有しているのではないだろうか。このケースでいえば、おそらく有効な指し手は「Aさんも仲間に入れなさい」という「統制者」としての命令ではないだろう。そもそもおそらくAさんの「パス」の流通の初発は学校・教師側であるはずであり、そこでの教師たちはむしろ積極的にAさんを「パス」する「制度」を維持していた

ようにも見える(その背景には学級経営上のなんらかの合理性・妥当性があったものとみるべきだろう)。そういった「統制者」として相反する命令は、児童らにとっては混乱を招くものでさえあるはずだ。

　一方「外部者」としてはどうふるまえるだろうか。児童たち同士のやりとりのなかでAさんの「パス」を自明のものとしない存在としてふるまうこと。この指し手は「ここではパスしなくてもいいんだよ」というキューを暗に示し、「Aさんのことが気になるが関わっていいのかどうかわからない」といった児童らの背中を押すことになるのではないだろうか。たとえばこのような「統制者-外部者」の往還(あるいは「変わり身」)が、ある学級において自明視された「制度」の調整に有効なはたらきをもつのではないだろうか。

　ここで述べたことは、X小学校Y級の諸々の事情をふまえずに単純化した見解でしかない。だが「外部者」は、ある人々の集まりにおいて自然なものとされた「制度」を無効化する機能を有していること。そして教師は児童生徒たち「みんな」にとって「統制者」であると同時に、「外部者」でもありうること。このことがもつ可能性について考慮する価値はありそうだ。その際に外部者の視点としての分析的な見方・考え方はきっと「役に立つ」ものであるだろう。

(稲葉　浩一)

〈引　用　文　献〉

Berger, Peter L. and Luckmann, Thomas, 1966, *The Social Construction of Reality: A Treatise in the Sociology of Knowledge,* Doubleday.（＝1977，山口節郎訳『日常世界の構成──アイデンティティと社会の弁証法』新曜社）.

Durkheim, Émile, 1925, *L'education morale.*（＝2010，麻生誠・山村健訳，『道徳教育論』講談社）.

山本雄二，2011，「儀礼＝神話空間としての学校」，稲垣恭子編『教育文化を学ぶ人のために』世界思想社，pp. 86-107.

Schutz, Alfred, 1970, *On Phenomenology and Social Relations* Edited by Wagner, Helmut R., The University of Chicago Press.（＝1980，森川眞規雄・浜日出夫訳『現象学的社会学』紀伊国屋書店）.

終章
教員養成の現状と社会学の貢献可能性

1. 近年の教員養成改革

　21世紀に入ってからの教育改革はめまぐるしく、教員養成改革もその例外ではない。しかも、教員養成を担う大学の改革と、教員の資質・能力をめぐる改革の両輪で進行している。

　教員養成は、戦前の反省から、大学における教育と開放制を原則として展開してきた。しかしながら、義務教育段階の学校の教員養成を中心に担ってきた国立大学・学部の状況は1980年代から大きく変化している。教員需要の変化に基づいて教員養成課程5000人削減計画が開始され、新課程・新学科への改編を余儀なくされたかと思えば、2005年には「教員養成系学部等の入学定員の在り方に関する調査研究協力者会議」に従い、教員養成分野の定員抑制方針が撤廃され、新課程の廃止や教員養成課程への学生定員の移行が進められた。最近では国立大学全体の改革構想における「ミッションの再定義」のなかで、教職大学院の設置や新課程の原則廃止によって、教員養成の目的大学化が求められており、今後、国立教員養成大学・学部の縮小あるいは再編統合へとつながる可能性も否定できない。

　一方で、設置認可行政の緩和によって、2005年ごろから私立大学が小学校教員養成に参入するようになった。しかも「教育」「児童」「子ども」といった名称を冠しない非教育系学部からの課程認定が急増している（村澤 2015）。

　このような状況は、教員養成の開放制の原則が徹底されていく過程なのか、あるいは、責任をもった養成機関が減少していくことを示すのか。その解釈をめぐっては議論がありそうだ。

　ところで、教員養成にとって重要なのは何よりも、そうした機関で行われる教員養成の内容がどのようなものかということであろう。

「教員の資質能力の向上方策等について」（教養審答申1987年）では、「教育者としての使命感、人間の成長・発達についての深い理解、幼児・児童・生徒に対する教育的愛情、教科等に関する専門的知識、広く豊かな教養、そしてこれらを基盤とした実践的指導力」が専門職としての教師には必要であることが指摘された。この後、教師の実践的指導力、資質能力を高めるための方策が矢継ぎ早に導入されて、その政策は、「今後の教員養成・免許制度の在り方について」（2006年中教審答申）で「教員免許更新制」「教職実践演習の導入」「教職大学院の開設」として結実する。

　このなかで教職大学院の制度設計にあたっては、「教員養成の高度化と専門職化」を実現するものとして学会からの期待も大きかった。日本教育学会は2006年に「プロフェッションとしての教員養成に関する総合的研究」（第65回大会の特別課題研究）を企画し、教員養成の高度化とそれに伴う教職の専門職化を論じており、また、それに先立つ2005年には、教師教育研究を牽引してきた佐藤が「教職大学院へのポリティクス」で、教師教育の高度化への期待を述べている。それはすでに海外における教員養成が修士レベル化していることと関連がある。フィンランドは別格としても、EU諸国でもボローニャ宣言を経て、ヨーロッパ高等教育圏が形成され、それを契機に、学士3年＋修士2年の5年間の高等教育が広がり、教員養成も基本的にこのような制度に替わっている。また教育実習の省察を通して「理論と実践の往還」を行い、「臨床の知」を形成し、それを元に教員養成を行うことが目指されている。日本における教職大学院のその後の実態はこのような期待に必ずしも沿うものではなかったにせよ（油布 2016）、「教職生活の全般を通じた教員の資質能力の総合的な向上方策について」（2012年中教審答申）で、教員養成の修士レベル化が明示されたことによって、いよいよ「教員養成の高度化と専門職化」が本格化すると、期待した者も少なからずいたはずである。

2. 教員養成の変容　スタンダード化

しかしながら続く中教審答申184号（2015年）では、教師の資質能力の向上

という観点から見た時、前述してきた趨勢とは大きく異なるあらたな施策が導入されている。

　何よりも注目すべきは、国がモデルとして示した「教員養成育成指標」をもとに、各地域で「大学と教育委員会が連携」してそれを作成し、育成指標に沿った教員養成をすることが明示されたことである。すでに、各教育委員会ではその策定に乗り出しており、2017年2月末には都道府県政令指定都市の約45％が、これを策定している。

　また、高等教育の質保証改革の一環として、文科省に「教職課程コアカリキュラムの在り方に関する検討会」が設立され、2017年には教員免許法施行規則に示された教職課程の授業についての教職課程コアカリキュラムが公表された。大学の質保証のためにコアカリキュラムを策定することや、教員養成においてスタンダードを設定することは海外においても一般的になっており、日本における改革も、このような流れのなかにあるとみることができる。しかしながら、その内実は海外におけるスタンダードの策定と大きく異なっている。

　その話に移る前に、まず日本のスタンダードの実態をみておこう。教員育成指標については、文科省が7自治体の事例をあげている。どの自治体のそれも類似しているが、他に先駆けて育成指標を作成した横浜市を例にとってみたい（http://www.edu.city.yokohama.jp/tr/ky/k-center/shihyou-1.pdf, H29年3月）。　横浜市の事例では、縦軸に教師の資質能力の項目が並び、横軸には教師のキャリアステージが描かれ、そこで作られるマトリクスのそれぞれに、必要とされる具体的な行動が記入される形になっている。この時、縦軸は教師の資質・能力に関する「教師の素養」と「教職専門性」から構成され、「教師の素養」には「自己研鑽・探究力」「情熱・教育的愛情」等の5領域が、「教職専門性」には「児童生徒理解」「授業力」「マネジメント力」「連携・協働力」「インクルーシブ教育」の5領域が配置されている。さらに「教職専門性」5領域にはそれぞれ2項目から4項目の下位項目が示されている。一方、横軸には「着任時の姿」、教職の基礎を固める「第1ステージ」、専門性を高めグループのリーダーとしての推進力を発揮する「第2ステージ」、豊富な経験を活かし広い視野で組織的な運営を行う「第3ステージ」が示される。そしてこのような縦軸と横

軸が交差する升目のなかに、具体的な行動項目が設定されている。結果として、縦軸と横軸の交差するマトリクスのなかにできる行動項目は「常に自己研鑽に努め、探究心をもって自主的に学び続ける」「児童生徒理解の意義や重要性を理解し、一人ひとりに積極的に向き合おうとしている」「学習指導要領等を理解し、児童生徒の実態を把握したうえで目標を明確にする」など69の内容が示された。

教職課程コアカリキュラムは、教育職員免許法施行規則第6条に定められた「教職に関する科目」のこれまでの区分が廃止・再編されて、従来の雄8領域が「教科及び教科の指導法に関する科目」「教育の基礎的理解に関する科目」「道徳、総合的な学習の時間等の指導法及び生徒指導、教育相談に関する科目」「教育実習に関する科目」「大学が独自に設定る科目」の5領域に統合された。そしてそれぞれの領域で「各科目に含めることが必要な事項」が明記され、その数は「大学独自に設定する科目」を除く4領域で17事項に及んでいる。さらに、その17事項のそれぞれに、全体目標と2つ程度の一般目標、さらに一般目標の下位に到達目標がそれぞれ示された。結局のところ「到達目標」で測られる行動は130近くに及ぶ。

現代日本の教員養成政策は、このように、入職前・入職後のあらゆるキャリアステージを通じて、具体的で細かい活動を指標に組み込んでいることにその特徴がある（子安 2018, p. 40）。教職課程の学生は130近い能力・資質の項目に到達できたかどうかで教職への道の第一歩を踏み出し、さらにその後教職に就いた時には、70近い行動目標を意識しながら実践に向かうことになるのである。ここには、教員の資質・能力をコントロールしたいという強い意志が働いているのが見てとれる。また、これから教員を目指す人にとってこれに何の意味があるのかと訝しく思うのは私だけではないだろう。

3. スタンダード化の問題

こうした政策は、教員養成にどのような影響を及ぼすだろうか。

海外でスタンダードが導入された背景には、それなりの理由がある。たとえ

ばアメリカでは、教員養成や免許要件が州ごとに異なっているために、全米的な基準を作る必要があった。InTASC（Interstate Teacher Assessment and Support Consortium in Model Core Teaching Standard, webで検索可能）はその例であり、州を超えて大学や教育委員会が共同し、長い時間をかけて基準を策定している。そこでは、「学習者と学習」「知識内容」「授業方法」「専門職的責任」の4領域10項目の規準と、さらにより詳細で具体的な行動が記載されている。しかしながら、記載されたより詳細な行動については、「基準の内容を理解するためのものであり、これをチェックリストとして取り扱ってはならない」という但し書きがついているように、どちらかと言えば倫理綱領に近く、日本のスタンダードという用語で示される内容とその認識を大きく異にしている。さらにInTASCに象徴されるように、海外におけるスタンダードの導入は、基準策定に時間をかけて専門家や当事者などの協働の下で作られるという共通点があり、これも日本の策定プロセスにはほとんど見られないものである。日本で検討された育成基準等のスタンダードは、その導入プロセスが性急である点、「国がモデルを提示」して「育成指標」を策定すると述べているように、研究者などの専門家集団の関与が薄い点で、海外のスタンダードの導入とは大きく異なっている。

　しかしながら、海外と異なるという点にもっとも重要な問題が、あるのではない。問題は教職課程コアカリキュラムや育成指標に示された行動のリストが、到達目標としてチェックリスト化され、それが、教職課程認定において実質的に大学シラバスや授業を監視する機能を果たすことが期待されている点、そして、マニュアル化につながりやすいという点にある。活動や行動をマニュアルのように形式化できるのは、あくまでも習熟の初期の段階に過ぎず（福島2001, p. 62）、また、アプリオリに外部から与えられた基準を適用するだけでは、個別・具体的な文脈のなかで行われる教育実践には、ほとんど何の役にも立たないと言われている。

　教師の実践の現場は、具体的〈文脈〉に左右され、複雑・多様で、流動的である。統計的には〈一般的〉〈平均的〉な学校や児童・生徒が示されるものの、教師の目の前には、具体的学校や児童・生徒のみが存在する。たとえば「勉強

嫌い・学校嫌い」の子どもはどこにでもいるが、目の前のそうした子どもを指導する際には、〈一般的〉な理解はさほど役に立たない。一般に、子どもが「勉強嫌い・学校嫌い」になるのは、その子どもの資質や家庭的な背景、あるいは学校における教師との関係を含んだ人間関係に起因すると説明されがちである。しかし、家庭的背景といっても、高学歴で豊かな親の過干渉に押しつぶされているのとネグレクトや虐待による不安定さによるものとでは異なる、また、ネグレクトは、多くは困難な家庭状況と結びつけられるが、困難な家庭状況の子どもがすべてネグレクトされているわけではない。

　目の前の「勉強嫌い・学校嫌い」の子どもを指導する際には、具体的状況を見極め、何が〈いま・ここ〉で必要なのか判断し対応するのであり、一般的な説明マニュアルをそのまま適用するのではないのである。では、このような複雑・多様で流動的な状況に適切に対応できるのは、どのようにして可能なのだろうか。そこで示されたのが、失敗の経験や「素人目にはよく判別できない、複雑な段階における学習の結果」（福島 2001, p. 64）として獲得された〈暗黙知〉（M. ポランニー）である。だからこそ、教員の職業的発達についての研究では、ベテラン教師が有しているこうした〈暗黙知〉を明らかにしたいという試みが続いてきたのである。

　ただし暗黙知は、メタ認知であるため、言語化しようとすると多項目配列的、総花的にならざるをえず、また〈仮に言語化されても、それは実際に行われているタスクの複雑さを十分に反映しきれない〉」（福島 2001, p. 46）。その意味で〈暗黙知〉は、一種の残余カテゴリーであるともいえよう。したがって、暗黙知についてのこの理解を間違うと、前述したように詳細な行動指標を列挙し、精緻化への隘路に踏み込むことになるのである。

　さらにまた暗黙知が「訓練された無能」（R. K. マートン）につながる危険性も指摘しておかねばならない。暗黙知は、ある知識・技術・技能を長期間にわたって使い続けているなかで生まれるメタ認知であり、そこでは具体的な特定の文脈における長期間の活動が前提とされている。そのため、その環境が変化したり、異なる環境に異動した場合、また一から始めなければならないという問題が起こってくる（福島 p. 139）。このことは、指導のうまいベテラン教師が

3．スタンダード化の問題　　161

転任した学校ではうまく学級指導ができないとか、子どもの変化を見極められず、従来の子ども観に立って子どもと接する場合の、教師の違和感などを想像してみるとよい。

こうした議論から、他律的なスタンダードへのマニュアル的な対応とも、また、暗黙知を有したベテラン教師の陥りがちな〈訓練された無能〉からも距離を置いて、教師が成長し続ける方法はあるのかという、あらたな課題が浮上してくる。

4. Teacher as researcher：実践研究者としての教師

これに答えるのが、ステンハウスの「実践研究者としての教師」(teacher as researcher) であろう。所与の基準に沿って教員養成をする時、それはTeacher Educationではなくて Teacher Training [10] と呼ぶ方がふさわしい。これまでの大学の教員養成はまさにこれにあたり、学生は、教職へ就くという目的に向かって訓練されていたからである。

さて trainig に対するものとして research をあげることができる。research は一般的には「研究」を意味するが、ここで用いられるニュアンスは「研究」とは少し異なり、research が search と語源を同じくしているように、「探索」の意味合いが強く含まれる。スタンダードに従った教員養成にみるように、最終目標をより明確にする行動目標モデルで実践の質が高められるとするのは誤りだとステンハウスは指摘する。人がより高く跳べるようになるのは、バーを高いところに置いたからではなく、現在の跳び方を分析し、欠点を認識して改めることによってなのである（勝野 2000）。「なぜ」を探索することの重要性がここにはある。

それはまた、ショーンの「省察」の概念とも関連するだろう。「省察」の概念は、「技術合理性」への批判として展開されている。「技術的合理性」とは、教員養成に望ましいと思われる内容や基準が、科学的知識等をもとにアプリオリに設定されていることを意味しており、そこで専門家とは科学の理論や技術

を学んだものを指し、細分化された科学における高度な理論や技術を現場にうまく適用することによって現場の問題を解決する人々であると理解される。従来の大学における教員養成も、このようなものとして取り組まれてきた。すなわち、理論や技術を学んでから実践に取りかかるという「技術的合理性」に則って、教師にとって必要だと思われる知識の体系をあらかじめ与えてきたのである。

　また、こうした「技術的合理性」は養成段階ばかりではなく、教育界全体に、教師の実践にも深く浸透している。たとえば、大学附属校などでは、こうした「技術的合理性」に基づいた模範的実践が広く公開されている。そこではモデルとなる授業方法や、教材の開発などが行われており、たとえば、「授業に動機づけられていない生徒に、〜〜の理論に基づく指導方法を用いると、〜〜のような効果がみられた」というような実践研究報告がなされており、こうして開発された研究が、意味あるものとして普及するように期待されている。ここには、解決されるべき問題が所与のものとしてあること、問題に取り組むための科学的知識を有していること、実際に問題に取り組んで一定の解を出し、それを命題とすること、その命題を実際の問題解決に応用すること、という私たちがなじんできた諸問題に向かう近代科学に自明の、科学的態度が見受けられる。

　しかしながら、対象を自分とはかけはなれたものとして客観的に観察し、それを科学的な方法で操作して、なんらかの命題を導く近代科学の方法は、いわば研究者の方法であり、実践者のそれとは異なる。なぜならば、研究の対象となる事象のなかに、実践者みずからが存在しているからであり、そこでの事象の切り取り方や、対応の仕方そのものが、その事象の一部となってその事象を形作っているからである。したがって、「技術的合理性」に基づく研究には、実践研究家にとっては有用ではない。くり返すが、「学校という世界を理解することで変えることができるのは結局教師である」といわれるように、教育現場を研究対象としてそれに客観的に接し、外部から操作する人ではなくて、そのなかにみずからが主体となって現状を変えるためにどのような方法があるのかを探索する実践者として存在するのが教師なのである。

優れた教師は、みずから教育実践において児童・生徒との相互作用のラインのなかで、彼らの反応を確認しながら適切な行為を選択し、目の前の課題に取り組む。こうした取り組みは、行為のなかの省察（reflection in action）と呼ばれ、そこでは、絶えず「状況との対話」がくり返されている。そしてここに、trainingではない教師の成長や、資質能力の育成のための萌芽がある。実践の中で省察をくり返す姿こそが、まさにステンハウスのいう「実践研究者としての教師」（teacher as reseacher）に他ならない。

5. 研究の方法としてのaction research

　教師が自律的にみずからの実践を研究していくためにあげられる方法の一つが、アクションリサーチ（action research, 以後ARと略）である。ARを体系づけて示したのはレヴィン（Lewin, K.）であるが、現在では、グループダイナミクスの領域だけでなく、組織開発や国際開発、教育現場での実践研究等で広く用いられており、前述した実践研究者としての教師像を示した、ステンハウスもこれを用いて人文科学プロジェクトを実施している。
　ここで重要なのは、ARが、「実践についての研究」ではなく「実践を通しての研究」（秋田・市川 2001）だという点である。たとえば研究者が学校をフィールドにして、教師と児童の相互作用を分析するのは「実践についての研究」であるが、教師が指導困難な生徒との相互作用を自ら記述しながら、指導上の問題を検討し、その困難を解決していくのは「実践を通しての研究」である。ARのよく知られた方法は、以下のとおりである。
　ARの第一段階は現状の把握であり、教師はみずからの仕事のなかで〈改善〉〈変革〉すべき現状を認識する（第一段階）。そして、それがどのような問題なのかを、分析、同定し（第二段階）、それにどのように対処していけばいいのか、具体的な行動を計画し（第三段階）、実際にそれを実行する（第四段階）。こうした改善のための行動が、どのような効果や影響を及ぼしたのかを検討するのが評価の段階（第五段階）である。ここでの検討には、現状の変化についての調査が必要となり、そこではインタビュー、観察、資料等々がデータとして用

いられる。また、アクションが効果がなかった場合には、なぜなのかを考察することになる。最後に、一連の活動のプロセスを通じて得られた知見を同定し、必要な場合にはそれを公表する作業が待っている（第六段階）。また、前述したように、思うような効果が上がらなかった場合などは、その理由の分析を基盤に、再度具体的なアクションを行使するサイクルに入ることになる。このようにして、問題としてとらえた事象が解決するまで続けていくのがアクションリサーチである。

ところでARと近年教育界を席巻しているPDCAサイクルとでは、何がどう違うのかという質問を受けることがある。計画―実行―評価―改善というPDCAサイクルは、確かにARと形は似てはいる、しかしながら、PDCAサイクルは、本来事業活動における品質管理や生産管理を念頭に置いて開発されたもので、基本的に経営や管理から発想されている。したがって、企業目標を前提とした業務過程を効率的に管理することが目指されており、技術的合理性の観点から、一連の過程における解決がその目的に向かって集約される。

前章での議論を確認することになるが、実践研究者としての教師が依拠するARは解決すべき問題が所与に与えられているのではなく、教師の状況の認識が〈問題〉を立ち上げるのであり、その問題を解決するために教師が知識・技術・技能を駆使して実践する際に生まれるあらたな理解により、問題は解決し、臨床の知が創造されるのである。

6. 教育社会学は教員養成にどう貢献するか

教師自身がみずから実践する場の状況の一部となっており、また教師自身の状況の認識が〈問題〉を立ち上げる、という表現は、社会学や教育社会学を学んだ人にはある程度馴染があるかもしれない。それは社会的構築主義（あるいは社会構成主義）理論として展開されてきたからだ。

たとえば不登校児童・生徒への適応指導教室におけるサポートを考えてみよう。適応指導教室は学校への出席として取り扱われる場合があるため、これを充実させる政策もある。こうした施策によって元気づけられる児童・生徒がい

るのは間違いないが、一方で、問題があるのは学校や学級の方で、不登校は、酷い学校文化に耐え切れないまっとうで繊細な児童・生徒の反応かもしれない、という可能性についてはあまり考えられていない。このような場合、〈適応〉させることがいいはずはない、のにである。つまり学校や教師は、「学校には行くべきだ」「集団から外れるのは外れる方に問題がある(適応しないことに問題がある)」というみずからの有する常識を自明のものとして疑わず、この現象に対応しているのである。

　事象をどのような問題として切り取るかによって、その後の対応はまったく違ってくる。不適応の子どもが投げかけた、酷い集団文化を変容させることの方が、ずっと重要かもしれない。教師はみずからの有す常識にしたがって、現象を把握するのではなく、自明性を疑う視点が必要なのである。

　社会学・教育社会学等で「社会的構築主義」の理論を学んだものであるならば、すぐに、「社会現象は、インタレストグループの関心によって〈問題化〉される」という定式を思い出すにちがいない。〈問題〉とされる現象が本当に〈問題〉なのかどうかはそれを見る人々の意味づけによる。したがって、教師がみずから保有する常識を疑わずにそれを前提として指導をすると、それがある現象を問題とするマッチポンプの役割を果たしたり、あるいは、時として偏見や差別の再生産を図ることにつながりかねない。実践研究者（teacher as researcher）の第一歩として、みずからの認識をも含めて、事象を相対化し、課題に取り組むことが必要であり、社会学・教育社会学は、〈いま・ここ〉を相対化する視点を与える。

　さらに付け加えるならば、技術的合理主義の近代科学による成果ではあるが、社会学は人と社会についての膨大な研究のなかで、自分の経験を超えたさまざまな認識ツールを蓄積してきた。たとえば、構造、機能、相互作用、アイデンティティ等々といった集団や組織、個人を理解するための基本的概念、あるいは、社会階層、社会経済的地位、貧困、就労等についての知見である。こうした概念は、ある現象を広範囲な諸要素の関連のなかで位置づけて検討するための有意味なツールとなりうる。これらによって、教師は目の前で起こる現象を、狭い領域のなかで心理主義的に解決する隘路から免れ、みずからの偏見や価値

意識を問いなおすことができる。

「献身的教師像」「自己犠牲的教師像」という用語が示すように（久冨 1995）、教職を選択する人の多くは、愛他的な感受性をもち、自己犠牲や貢献を厭わない人が多い。しかし同時に、その善意を疑わず、「いいと思ってやった」「そういうつもりはなかった」という言葉に表現されるように、善意から発したことは、多少の問題を起こしても看過される文化も存在している。善意に満ち溢れた、しかもエネルギーのある人の行動は、時として、〈自分の関心事〉しか見ていないために巨視的に見ると〈迷惑〉ということもありうる。こうしたなかで、自己の立ち位置を、相対化していくために、教師みずからが「社会学する」ことは必須であろう。

（油布　佐和子）

〈引用・参考文献〉

福島真人，2001『暗黙知の解剖　認知と社会のインターフェイス』金子書房。

久冨善之，1995，「教師のバーンアウトと「自己犠牲的」教師像の今日的転換」『一橋大学研究年報　社会学研究』34，pp. 3-42.

勝野正章，2000，「L.ステンハウスのカリキュラム論と教師の「教育の自由」」『北星論集（経）』第38号，pp. 11-22.

子安潤，2018，「教育委員会による教員指標の「スタンダード化」の問題」『講師教育学会年報』第26号，pp. 38-45.

村澤昌崇，2015，「小学校教員養成を担う大学の特性RIHE 129」広島大学高等教育開発センター　「持続可能な大学組織の探索：組織の規模と範囲・組織間関係の現状・変容・存続の分析」報告書，pp. 19-38.

中村和彦，2008，「アクションリサーチとは？」南山大学・人間関係研究センター『人間関係研究』第7号，pp. 1-25.

岡村美由規，2018，「D.A.ショーンのreflection-in-action概念の再検討——実践についての認識論に注目して——」『講師教育学会年報』第26号，pp. 64-73.

佐藤学，2005，『現代思想』33（4）青土社，pp. 98-111.

油布佐和子，2016，「教師教育の高度化と専門職化——教職大学院をめぐって」佐藤学他編『岩波講座　教育　変革への展望4　学びの専門家としての教師』岩波書店，pp. 135-163.

あとがき

　立教大学文学部教育学科には、教育学専攻と初等教育専攻との二つの専攻がある。学生の立場からすると、2年次の秋に、課程選択とゼミ選択という重大な選択を迫られ、3年次からどちらかの課程に所属すると同時に、必修の3年次ゼミと4年次の卒論ゼミと、基本的には2年間にわたり専任教員のゼミに所属することになる。
　教育社会学を専門とする私のゼミには、どちらかというと教育学専攻の学生が多かったし今でもそうした傾向はあるが、それでも毎年のように、初等教育専攻の学生も複数名所属している。それゆえ、ほぼ毎年のように、私のゼミからも小学校教員になる学生がおり、その数は徐々に増えていった。そうした状況を受けて、私のゼミ出身者で小学校教員になった人達と研究室所属の大学院生を中心として研究会ができたら面白そうだと考え、2006年7月に「初等教育研究会」を立ち上げた。それから現在まで、時々の事情によって実施できないこともあったが、毎年2回のペースで研究会を続けてきている。
　当初の狙いは、現職の小学校教員による実践報告と大学院生の研究報告とを同時に実施することで化学反応を生じさせ、相互の教育研究活動にさまざまな形で刺激になればというものであった。そして同年12月の2回目の研究会で、佐山彰浩が本書第8章の内容について報告したことで、私自身、より具体的な目標をもつようになった。第8章の内容から明らかなように、佐山の報告は、社会学的な知見を教育実践に応用した見事な実践例となっていたことから、すぐに論文化を勧め、1年後に実現することになる（「怪獣ヤダッターをやっつけろ！―児童のトラブルをめぐるナラティヴ・アプローチ」『立教大学教育学科研究年報』第51号, 2008, pp. 137-148）。これを機に、「教育実践の社会学」というコンセプトでの書籍作りをめざすことになったのが本書刊行へと至る長い道のりの出発点であった。その後の研究会でも、興味深い実践報告や研究報告が続いたことですぐにでも本が作れそうな手応えを感じたのだが、さまざまな事情から書籍化への道は容易ではなかった。

そして月日が流れ、間山広朗の論文（「微笑みあう涙」北澤毅編『文化としての涙』勁草書房，2012，pp. 55-72.）に北樹出版編集部の福田千晶さんが目をとめてくださったことがきっかけとなり、本書刊行に向けた具体的な動きが再稼働することになる。それからは比較的順調だったと思うが、多くの方のご協力なしでは１冊の本を作ることなど到底できない。

　本書のベースとなっているのはなにより初等教育研究会である。第８章の佐山さんや第９章の岡さんばかりか、実に多くの現職教員の皆さんが、長年にわたり研究会を支えてくれている。そして第二に、私が代表をしている科学研究費共同研究の成果としてこれまでに公刊してきた論文のいくつかが本書の主要部分を構成している。さらには、これら二つの研究会とは直接関わりのない外部の方として、早稲田大学の油布佐和子さん、上智大学の酒井朗さん、そして関西学院大学大学院時代に刺激的な論文を執筆しながら研究者ではなく小学校教員の道に進まれた大辻秀樹さんの３名が本書の執筆陣に加わってくださり大変感謝している。おかげで、本書の構成に広がりが増したばかりか内容的にもより充実したものになったのではないかと思っている。

　なお本書は、今回新たに書き下ろした章と、すでに公刊された論文をベースに、本書の趣旨に即して改稿・改編した章から構成されているため、以下に初出論文との関係を明らかにしておきたい。

序章：書き下ろし。
１章：書き下ろし。
２章：鶴田真紀，2010,「初期授業場面における学校的社会化─児童の挙手と教師の指名の観点から」『立教大学大学院教育学研究集録』第７号，pp. 22-33，を大幅改稿。
３章：書き下ろし。
４章：酒井朗・藤江康彦・小高さほみ・金田裕子，2004,「幼小連携におけるカリキュラムの開発に関するアクションリサーチ」お茶の水女子大学21世紀COEプログラム『誕生から死までの人間発達科学─家庭・学校・地域

における発達危機の診断と臨床支援』pp. 51-70, を全面改編。

5章：書き下ろし。

6章：山田鋭生，2015,「『学級的事実』としての『学習』の達成—授業場面における〈文の協働制作〉の相互行為分析—」『子ども社会研究』第21号, pp. 151-163, を大幅改稿。

7章：間山広朗，2016,「新任教員の『困難』に対する教育臨床の社会学的実践（1）—授業への『焦点化』の観点から」『立教大学大学院教育学研究集録』第13号, pp. 47-64. を改稿。

8章：佐山彰浩，2008,「怪獣ヤダッターをやっつけろ！—児童のトラブルをめぐるナラティヴ・アプローチ—」『立教大学教育学科研究年報』第51号, pp. 137-148. を大幅改稿。

9章：岡和香子・山田鋭生，2012,「『いじめ』問題へのナラティヴ・アプローチ—生活指導・生徒指導の社会学的実践/分析の試みとして—」立教大学大学院教育学研究集録，第9号, pp. 29-48. の岡執筆部分を改稿。

10章：稲葉浩一，2014,「学級におけるインフォーマルな制度と生徒指導の実際について—ある外国人児童の観察記録をもとに—」『東洋英和女学院大学教職課程研究年報』第6号 pp. 2-12. を大幅改稿。

終章：書き下ろし。

今回の本作りでは私はサポート役に回り、編者としての仕事の多くは間山が担当した。その意味で労をねぎらいたいと思うし、なにより、間山のそして私達の共同研究に関心を示し、本書を刊行する機会を与えてくださった福田さんに深く感謝したいと思う。

2018年2月

編者を代表して　北澤　毅

【執筆者紹介】（執筆者順、＊は編者）

北澤　毅（きたざわ　たけし）（＊序章）立教大学文学部教授
主要業績：北澤毅・片桐隆嗣共著，2002，『少年犯罪の社会的構築──「山形マット死事件」迷宮の構図』東洋館出版社、北澤毅・古賀正義編,2008,『質的調査法を学ぶ人のために』世界思想社、北澤毅，2015，『「いじめ自殺」の社会学──「いじめ問題」を脱構築する』世界思想社.

小野　奈生子（おの　なおこ）（第1章）共栄大学教育学部准教授
主要業績：小野奈生子，2012，「ことばの前の〈泣き〉──「泣き声」の意味づけをめぐる相互行為の分析」北澤毅編『文化としての涙──感情経験の社会学的探究』勁草書房，第5章，pp. 73-88、小野奈生子，2012，「学校の社会化についての一考察──『推論実行機械』概念の利用可能性」『共栄大学研究論集』10，pp. 235-254、小野奈生子，2017，「児童－教師間相互行為にみる学校秩序──発話のインデックス性・相互反映性に着目して」『立教大学教育学科研究年報』60, pp. 121-131

鶴田　真紀（つるた　まき）（第2章）創価大学教育学部准教授
主要業績：鶴田真紀，2007，「〈障害児であること〉の相互行為形式──能力の帰属をめぐる教育可能性の産出」『教育社会学研究』80，pp. 269-289、鶴田真紀，2008，「自閉症児の言語獲得をめぐる相互行為系列──療育実践場面の分析を通して」『教育社会学研究』82，pp. 205-225、鶴田真紀，2018（近刊），『発達障害の教育社会学──教育実践の相互行為研究』ハーベスト社.

髙橋　靖幸（たかはし　やすゆき）（第3章）新潟県立大学人間生活学部講師
主要業績：髙橋靖幸，2013，「アメリカの人種・民族問題と多文化教育の理念」『中央評論』65（3），pp. 73-83、髙橋靖幸,2017,「子どもの対人葛藤場面における保育者のかかわり──『実践の方法』に着目した保育と学生指導のあり方について」『人間生活学研究』8，pp. 89-100、髙橋靖幸，2018,「昭和戦前期の児童虐待問題と『子ども期の享受』──昭和8年児童虐待防止法の制定に関する構築主義的研究」『教育社会学研究』102，pp. 175-193.

酒井　朗（さかい　あきら）（第4章）上智大学総合人間科学部教授
主要業績：酒井朗・横井紘子，2011，『保幼小連携の原理と実践：移行期の子どもへの支援』ミネルヴァ書房、酒井朗・多賀太・中村高康編，2012，『よくわかる教育社会学』ミネルヴァ書房、酒井朗，2014，『教育臨床社会学の可能性』勁草書房

大辻　秀樹（おおつじ　ひでき）（第5章）教育委員会指導主事
主要業績：大辻秀樹，2003，「女児仲間集団の会話構造に関する臨床的研究─応答の不在に着目して」『教育社会学研究』72，pp. 171-190、大辻秀樹，2004，「エスノメソドロジーからみたいじめ──女子児童の対シカト会話システム」『現代のエスプリ──ボトムアップ人間科学の可能性』441，pp. 91-99、大辻秀樹，2006，「Type M：『学ぶことに夢中になる経験の構造』に関する会話分析からのアプローチ」『教育社会学研究』78，pp. 147-168.

山田　鋭生（やまだ　ときお）（第6章）共栄大学教育学部講師
主要業績：山田鋭生，2015，「『学級的事実』としての『学習』の達成──授業場面における〈文の協働制作〉の相互行為分析」『子ども社会研究』21，pp. 151-163、山田鋭生，2015，「授業場面における板書を用いた教育方法に関する一考察──視線管理に焦点化して」『立教大学大学院教育学研究集録』12，pp. 1-12.

間山　広朗（まやま　ひろお）（＊第7章）神奈川大学人間科学部教授
主要業績：間山広朗，2011，「いじめの定義問題再考——『被害者の立場に立つ』とは」北澤毅編『〈教育〉を社会学する』学文社，第3章，pp. 98-126、間山広朗，2012，「微笑みあう涙——『発達』の原初形態としての泣きの記述」北澤毅編『文化としての涙——感情経験の社会学的探究』勁草書房，第4章，pp. 55-72、間山広朗，2018，「大津いじめ自殺問題過熱報道の再構成——集合としてのテレビ報道の観点から」平成25-29年度科学研究費補助金基盤研究（B）報告書掲載論文

佐山　彰浩（さやま　あきひろ）（第8章）私立小学校教諭
主要業績：佐山彰浩，2004，「摂食障害へのナラティブ・アプローチ」立教大学大学院文学研究科教育学専攻修士論文、佐山彰浩，2008，「怪獣ヤダッターをやっつけろ！——児童のトラブルをめぐるナラティヴ・アプローチ」『立教大学教育学科研究年報』51，pp. 137-148.

岡　和香子（おか　わかこ）（第9章）公立小学校教諭
主要業績：岡和香子・山田鋭生，2012，「『いじめ』問題へのナラティヴ・アプローチ——生活指導・生徒指導の社会学的実践/分析の試みとして」『立教大学大学院教育学研究集録』9，pp. 29-48.

稲葉　浩一（いなば　こういち）（第10章）北海道教育大学大学院教育学研究科准教授
主要業績：稲葉浩一，2009，「少年院における『更生』の構造——非行少年の語る『自己』と『社会』に着目して」『教育社会学研究』85，pp. 49-70、稲葉浩一，2013，「記録される『個性』—言説－解釈実践としての児童理解の分析」『教育社会学研究』93，pp. 91-115.

油布　佐和子（ゆふ　さわこ）（終章）早稲田大学教育・総合科学学術院教授
主要業績：油布佐和子，2015，『現代日本の教師——仕事と役割』放送大学教育振興会、油布佐和子，2015，「教員養成政策の現段階」『日本教師教育学会年報』24，pp.52-60、油布佐和子，2016，「教師教育の高度化と専門職化——教職大学院をめぐって」佐藤学他編『岩波講座　教育　変革への展望4　学びの専門家としての教師』岩波書店，pp.135-163

教師のメソドロジー
―― 社会学的に教育実践を創るために

2018年4月20日　初版第1刷発行
2019年2月1日　初版第2刷発行

編著者　北澤　　毅
　　　　間山　広朗

発行者　木村　慎也

・定価はカバーに表示　　印刷　恵友社／製本　川島製本

発行所　株式会社　北樹出版
〒153-0061　東京都目黒区中目黒1-2-6
URL:http://www.hokuju.jp
電話(03)3715-1525(代表)　FAX(03)5720-1488

© 2018, Printed in Japan　　　　ISBN978-4-7793-0579-5
(落丁・乱丁の場合はお取り替えします)